Kohan, Martín / Lo que entiendo por Borges / Martín Kohan. - 1a ed. - Ciudad Autónoma de Buenos Aires: EGodot Argentina, 2026. 168 p. ; 20 x 13 cm.

ISBN 978-84-19990-96-9

Depósito legal: M-28035-2025

Edición Federico Juega Sicardi y Noelia Laudisi De Sa
Diseño de tapa Iván Brizuela
Diseño de interiores Víctor Malumián
Ilustración de Borges Max Amici

© Ediciones Godot
www.edicionesgodot.com.ar
info@edicionesgodot.com.ar
Facebook.com/EdicionesGodot
Twitter.com/EdicionesGodot
Instagram.com/EdicionesGodot
YouTube.com/EdicionesGodot
Buenos Aires, Argentina, 2026

Impreso en España
Artes Gráficas Cofás, S.A,
Móstoles, Madrid, marzo de 2026

Lo que entiendo por Borges

Martín Kohan

Lo que entiendo por Borges

1. EN LA FERIA

NO ROBO LIBROS: NO robo nada. Ni siquiera en la Feria del Libro. Digo así porque hay personas que son renuentes a robar, como lo soy yo, pero que se lo permiten si se trata de libros; o que son renuentes a robar libros, como lo soy yo, pero que se lo permiten si se trata de la Feria. Yo no; mi regla es tan perfecta, o tan imperfecta en todo caso, que no admite, no puede admitir, excepción alguna. Yo no robo nada, nunca; tampoco libros, tampoco en la Feria.

Mi única alevosía tramposa en años de Feria del Libro la empleé para procurarme, no un libro, sino una firma: una firma de Borges en un libro de Borges. Yo desconocía por entonces el chiste que después sabría, de cuando Borges le susurró a Bioy Casares, mientras atendían una larga fila de personas en procura de un autógrafo: "¿Te imaginás, Adolfito, lo que va a valer en el futuro un libro nuestro que no esté firmado por nosotros?". Yo quería esa firma de Borges, quería ese libro de Borges firmado por Borges; era ese mi criterio de valor. El mío y el de muchos otros: se había formado una hilera bastante extensa, con la pareja combinación de paciencia y de impaciencia que se estila en esos casos.

El libro que yo tenía conmigo para que Borges lo sellara con la singularidad de su trazo no era otro que *El Aleph*. Lo cual suponía, en aquellas circunstancias, menos una obviedad que un problema. Por la siguiente razón: el stand de la feria en el que Borges firmaba no era el de la editorial que desde siempre publicaba sus cuentos, sus poemas y sus ensayos, sino el de otra editorial, algo incierta para mí, que acababa de publicar un libro de conversaciones con Borges. Y como la presencia de Borges en el lugar no respondía en definitiva a otra cosa que a fines promocionales, el libro que allí firmaría era ese, solamente ese, ese y no otro, ese sí pero otro no.

Yo conmigo tenía *El Aleph*: estaba en falta. Varios empleados de la editorial en cuestión iban y venían, a lo largo de la fila, atentos y a la vez discretos, para cerciorarse de que todos los que nos encolumnábamos como devotos en procura de una firma portáramos el libro de conversaciones que lanzaban al mercado, y no algún otro, por ejemplo *El Aleph*, que a ellos, que habían invertido en la edición del libro y en el alquiler del stand en la feria y en el remís que había traído al escritor y luego se lo llevaría, no habría de reportarles ningún rédito económico.

Escabullí mi ejemplar no sin pericia. La treta requería alguna astucia, porque yo debía dar a ver que tenía un libro listo (si no me veían con un libro, me expulsarían de la fila y de la firma), pero al mismo tiempo no dejar ver cuál era exactamente ese libro (si veían qué libro era, o qué libro no era por lo menos, me expulsarían también de la fila y de la firma). Me las arreglé para franquear una y otra vez las sucesivas escrutaciones, hasta que me tocó encabezar la hilera y ser el siguiente. Era el momento de mayor exposición, y por ende de mayor peligro, y esa constatación me produjo alguna zozobra; aunque también advertí, no sin alivio, que a esa altura de los acontecimientos ya nadie podría increparme sin provocar algún escándalo, y que solo por evitar escándalos ya no irían a reprocharme nada.

Así pasó, y llegué hasta Borges. Pese a todo, y en ese momento en especial, mantuve mi prudencia, o incluso la acentué. Me esmeré todavía más por evitar que alguien advirtiera cuál era el libro que yo llevaba, cuál era el que estaba dando a firmar. Lo torcí, lo tapé y por fin lo deslicé sobre la mesa como si, en vez de eso, estuviese pasando un sobre por debajo de una puerta. Esa clase de sigilo imprimió sobre la escena un aire automático de conspiración o de complot, el del disimulo que exigen las maniobras de contrabando, el de la complicidad de los subterfugios más solapados. Salió bien: Borges recibió el libro, lo acomodó, lo firmó y me lo devolvió. Me alejé después del stand, y por fin de la Feria del Libro, por las calles de Palermo justamente, con una satisfacción literaria tan intensa que me hizo pensar que no era únicamente mi ejemplar de *El Aleph* firmado por Borges lo que la motivaba. Era eso: el valor agregado de esas letras manuscritas levemente indescifrables en la página inicial de mi volumen; pero era algo más que eso también. Me lo expliqué de este modo: acababa de lograr con Borges, de manera impensable y hasta incluso inconcebible, una vaga pero cierta complicidad que no juzgué excesivo considerar literaria: un escritor y su lector acordaban su intercambio de admiración y dedicatoria, a espaldas de la especulación dineraria de los editores mercantes; un escritor y su lector plasmaban su pacto en un libro, libres de la especulación de si ese libro rendía plata o no rendía.

Consideré, casi sin dudas, que mi alborozo se justificaba para siempre en la celebración de semejante entendimiento. Pasó algún tiempo, y tal vez bastante, antes de que posara sobre aquella escena una mirada algo distinta y le diera, perturbado, esta otra interpretación: que me había aprovechado en verdad de la ceguera de un ciego.

2. LO BORGEANO

Cuando digo Borges, no digo Borges: ese hombre de carne y hueso nacido en 1899 y muerto en 1986, el que escribió *El Aleph* o *Ficciones* o *Fervor de Buenos Aires* o *Evaristo Carriego*. Pero cuando digo Borges tampoco me refiero a esa literatura, a esa reunión de textos tan a menudo perfectos a los que, por irradiación autoral, llamamos Borges. Cuando digo Borges pienso en esa figura que la imaginación argentina ha compuesto y ha fijado en ese nombre. Pienso en esa configuración mental y colectiva que se ha ido construyendo sin precisar para eso conocer a la persona real, y con frecuencia prescindiendo hasta del conocimiento de su obra (esa ecuación tan singular que no señalaba correspondencias imprescindibles entre la admiración abstracta y la lectura concreta). No digo "Borges tal como yo lo imagino", como dijo Blanchot de Foucault; pero sí como lo han ido imaginando ellos, nosotros, los argentinos; el escritor imaginado que se ha ido diseñando a propósito del escritor real, y que dice algo sobre él pero mucho más sobre el tipo de ideas que una sociedad se hace de lo que es o puede ser la literatura y de lo que es o puede ser un escritor. En parte un escritor en general, y en parte un escritor argentino en particular.

3. EL BORGISMO

Una dosis de imponencia y una dosis de impotencia. Borges: cuando digo Borges, no digo Borges; cuando digo Borges digo lo borgeano, lo borgeano sin Borges o más allá de Borges, el universo de las atribuciones con más peso que sustancia; cuando digo Borges digo el borgismo, los mecanismos de un fervor y una adhesión sostenidos en el deseo (lo que se quiere de un escritor, lo que se quiere escritor). En la fórmula total, que es bien compleja, no faltan esos dos componentes: la imponencia y la impotencia. Monumentalidad de Borges y debilidad de Borges. El escritor con mayúscula que por solo firmar un libro se insufla de trascendencia. Pero que además, posiblemente, si lo ha firmado, es porque no lo puede ver.

4. EN LA FERIA

Otro día en la misma Feria, o en la Feria de otro año. Borges asiste para dar una conferencia sobre Macedonio Fernández. Lo espera una muchedumbre. Por fin va llegando por un pasillo. No pocos nos acercamos; no nos basta con escucharlo, además queremos verlo (depositamos una figura total de escritor en ese escritor; puede que sea eso lo que exige visualizarlo). Borges viene caminando despacio: solemne (la imponencia) y vacilante (la debilidad). Hay varios que lo vienen trayendo, pero es difícil decidir quién viene siendo guía de quién: si el Maestro de sus discípulos o si los lazarillos de su Ciego.

De pronto, pasa algo: Borges tropieza. No es culpa suya; la alfombra elemental del improvisado pasillo, mal pegada y alisada en el Centro Municipal de Exposiciones, tendió la trampa de un pliegue de cierta altura, interpuso esa zancadilla impensable con la forma de un pequeño escalón. Borges tropieza, trastabilla un poco. Una mano lo agarra con prontitud; con tanta prontitud que lo único que se puede pensar es que ya lo venía agarrando desde antes. Una voz advierte, aunque tardía: "Cuidado, Maestro: un escalón". Borges le contesta, una vez tropezado: "Sí, ya lo vi".

"Ya lo vi": asisto a la respuesta como testigo circunstancial. ¿Qué es, qué fue: un chiste genial, una recriminación, sarcasmo puro, resentimiento? Otro juego, en todo caso, entre la debilidad y la imponencia, el mal paso que se convierte en principio de autoridad. "Ya lo vi", dice un ciego: es un chiste y un milagro.

5. BORGES

No digo el viejo, no digo el ciego, no digo el sabio, no digo el autor. Digo el dispositivo de vejez, de ceguera, de sabiduría, de autoría y de autoridad, que los argentinos pergeñaron, o pergeñamos, y activaron, o activamos, para tener un escritor a venerar, y venerarlo.

6. EN LA FERIA

En la Feria del Libro de Buenos Aires de 1988 la presencia de Borges se verifica, por necesidad, de otra manera. Es abril, y hace casi dos años que nuestro Escritor Inmortal se ha muerto a la distancia. Ese año la Feria se organiza en consecuencia como un homenaje a él. En el ingreso, en un lugar ineludible, ese homenaje comienza con una vitrina a la que no podemos no acudir y ante la cual, porque está un poco baja, no podemos no prosternarnos. Detrás del vidrio casi invisible, se ofrece un tesoro: una colección de manuscritos de Borges. Es decir que la invocación de su presencia no se resuelve en vaguedades del espíritu, sino justamente en lo contrario: en lo más corpóreo, lo más concreto, lo más material de Borges. Porque esos trazos de Borges son Borges, y así se completa este ciclo de su figuración en distintos números de Feria.

Nos hincamos, en la Feria, para leer a Borges. Y eso pese a que los manuscritos se ofrecen, pero no exactamente a la lectura. Se ofrecen más bien a la veneración, y si los leemos es por costumbre y por reflejo de leer todo lo escrito. Las letras se suceden y al sucederse hacen sentido, pero antes que eso son puras marcas (marcas así como hay marcas, por ejemplo, en el Santo Sudario). Conocemos el significado de lo impreso, de los libros; aquí leemos (entonces era esto) nada más que el significante, el soporte material con que se escribe lo escrito. Con un presentimiento, y acaso un afán, que no puede sino confirmarse: que esto que vemos de veras es Borges.

Yo por mi parte reconozco el dibujo de la letra, porque es el mismo con que se deja leer el nombre "Borges" en la primera página de mi edición de *El Aleph*. Ese dibujo vale como huella, la huella del aquí y ahora del acto de la escritura. Y es al mismo tiempo la prueba y la consecuencia de lo que se percibe como autenticidad. Los manuscritos de Borges, intocables y a la vez casi tangibles, inmediatos y a la vez remotos, son la manifestación irrepetible de una lejanía, por cercana que pueda estar. En la circunstancia excepcional de su valor exhibitivo se verifica, y al mismo tiempo se consagra, la certeza irrevocable de su valor cultual. Son eso: una reliquia. Y colocan a Borges, cuando ya no está, en el lugar definitorio de la restauración del aura.

7. INSTANTES

Abrumados o afligidos por tanta perfección literaria, no pudiendo soportar semejante plenitud en las palabras escritas, fue preciso infligirle a Borges un poema que no era suyo pero que pasó por suyo no pocas veces. El caso es bien conocido, el poema se llamaba "Instantes". Consistía básicamente en una sentida declaración de arrepentimiento por haberse perdido demasiadas cosas en la vida, emitida desde unos 85 años que ya no daban chance alguna de corregirse. Pura pérdida, por lo tanto, lamento puro entonces, de uno que fue cobarde y no quiso correr riesgos, y en el final de la vida comprende y confiesa que en cierta forma no vivió.

Se suele asociar el caso con "Pierre Ménard, autor del Quijote": una maniobra de atribución errónea para inventar, no un texto apócrifo, sino una autoría apócrifa. Pero debo decir que personalmente me lleva a pensar más bien en "Emma Zunz": de qué manera se consigue hacer que una historia falsa resulte creída, que siendo totalmente increíble algo tenga de verdad. Porque ese esperpento titulado "Instantes" es por cierto un falso poema de Borges, es increíble como poema y es tanto más increíble como poema de Borges; y sin embargo a su manera se impuso, no a todos pero sí a varios, como verdad. ¿Debemos acaso pensar que hay algo de "sustancialmente cierto" en lo que dice? No, lo que dice es completamente falso, no hay en esas líneas una sola verdad sobre Borges. Pero sí hay, según yo creo, una poderosa verdad del borgismo. Porque el borgismo nace para exaltar a Borges pero también para aniquilarlo, para elevarlo pero también para hundirlo. Porque hay algo en Borges que no se puede soportar, y es esa tanta literatura; y el borgismo se encarga precisamente de aliviar semejante peso. Y lo hace así: fabulando una vida vacía, señalando una falta y un remordimiento, inventando una carencia. Es la verdad del borgismo, aunque no sea una verdad de Borges: que para soportar tanta literatura hizo falta pergeñar una mitología del déficit vital.

Lo que Borges vivió o dejó de vivir no tiene la más mínima importancia, no lo sé ni me interesa. Me dejo guiar en todo caso por el criterio de varios de sus relatos: la única experiencia que cuenta como medida de coraje es la de salir a matar a un hombre o la de hacerse matar por él. Los tibios versos de "Instantes" proponen en cambio zonceras como trepar montañas, hacer más viajes, tomar helados, cositas así. En lo que tiene de más falso, sin embargo, radica su verdad. El borgismo (ideología literaria socialmente dominante) no tolera que haya podido existir tanta literatura sin imponerle un correlato de vida perdida, sin atribuirle un sacrificio y una congoja. El borgismo se venga de Borges con los versitos de "Instantes", porque sin hacerle pagar ese precio no podría seguir sosteniendo los rituales del culto colectivo al gran escritor nacional. No va a concederle un don literario tan enorme sin cobrárselo a cada momento con el imaginario de una renuncia vital.

8. TEMA DEL HÉROE

Los grandes hombres de la argentinidad, los que son ya próceres consumados y definitivos (como José de San Martín, Manuel Belgrano, Domingo Sarmiento, Esteban Echeverría, Diego Maradona) o están en vías de serlo (como Juan Manuel de Rosas) o participan de alguna manera de un proceso de mitologización que es análogo y se orienta en ese mismo sentido (como Carlos Gardel o como Juan Perón), comparten llamativamente determinadas características. ¿Es casualidad o es un dispositivo específico de la fabricación de heroicidad? Es quizá una casualidad de la que en cualquier caso el dispositivo de la fabricación de heroicidad se aprovecha, y a la que utiliza y pone a funcionar a su favor. Algunos rasgos compartidos se destacan al recorrer como secuencia este panteón de singularidades argentinas. Hay por empezar en ellos alguna marca de extranjería, por haberse educado en el extranjero (San Martín, Belgrano, Echeverría, Perón) o por haberse educado con un horizonte extranjero (Sarmiento) o por haber nacido directamente en el extranjero (Carlos Gardel); todo lo cual luego se reconvierte por supuesto en un ciclo de argentinización. Hay también un paso consagratorio en el extranjero, que sirve *a posteriori* para lograr el reconocimiento local; victorias allende las fronteras (San Martín), éxitos pretendidos (Sarmiento) o efectivos (Gardel, Maradona) en Europa, que luego pasan a alimentar el mito. Estos hombres sufren la maledicencia o el destrato de sus contemporáneos, tienen que esperar a la posteridad para acceder por fin a la justicia, al reconocimiento pleno, al nombre de calle o a la figuración en los billetes (el cuestionado Belgrano, el difamado San Martín, el discutido Sarmiento, el postergado Echeverría, el condenado Rosas. ¿También Perón? Habrá que ver). Estos hombres sufren la injusticia de su tiempo, pero también derrotas de cierta especie: derrotas que enaltecen (Belgrano en Vilcapugio y Ayohuma) o incluso que los convierten en vencedores morales (San Martín en Guayaquil, frente a Bolívar; Maradona en el Mundial 90, frente a Alemania). Otro rasgo: no tienen hijos, o no tienen hijos varones, o si tienen hijos varones no los reconocen legalmente o no son hijos argentinos (Gardel, Perón: sin hijos; San Martín, Rosas, Echeverría, Belgrano, Maradona: hijas mujeres; San Martín, Belgrano, Sarmiento, Maradona: hijos varones no reconocidos o no argentinos). Por fin, mueren en el extranjero, y al hacerlo motivan en algunos casos una empresa de repatriación (Echeverría en Montevideo, Sarmiento en Asunción del Paraguay, San Martín en Boulogne Sur Mer, Rosas en Inglaterra, Gardel en Medellín. Habría que pensar en la repatriación de Perón en 1973, no muerto, pero sí para morir).

El dispositivo de fabricación de los grandes hombres de la argentinidad es recurrente en estos engranajes: las marcas de extranjería, la consagración en el exterior como condición para el reconocimiento local, el sufrimiento estoico de la maledicencia de los contemporáneos, la falta de descendencia masculina y argentina, la estatura del vencedor moral, la muerte en el extranjero. ¿Se entiende por qué Borges estaba destinado a ser el Héroe Nacional de la literatura argentina? No digo Borges, el que se vería justificado ni más ni menos que por sus textos; digo el Borges de lo borgeano, digo el Borges del borgismo, el escritor concebido en el imaginario de escritor de una sociedad letrada incluso si no lectora. Es el Borges que recibe su educación juvenil en Europa. El que sufre con la resignación de su humor estoico el maltrato de su tiempo, la designación oficial como inspector de aves y corrales, por ejemplo. Es el Borges que alcanza reconocimiento en Argentina una vez que puede exhibir el mérito del reconocimiento en Europa (el Premio Formentor en 1961, compartido nada menos que con Beckett). Es el Borges sin descendencia, sin hijos varones argentinos, sin legado de apellido por vía directa. Es el Borges que no gana el Premio Nobel de Literatura, que no lo gana pero lo merece, lo que lo instituye como ganador moral y alimenta la mitología de la argentinidad como víctima de despojo. Es el Borges que muere en Ginebra y reaparece, cada tanto, con noticias de proyectos de repatriación de sus restos. Es nuestro Prócer Literario, el Héroe Nacional de las Letras, el Padre de la Patria Escrita.

9. FRANCIA

Una combinación peculiar de tradición criolla, invasión inglesa y fascinación francófila (todo con sus correspondientes adhesiones y resistencias) produce siempre un efecto de argentinidad. En ese punto exacto, que es preciso y al mismo tiempo es difuso, podemos situar a Borges. Es sabido el tiempo que debió transcurrir y los textos que debieron escribirse (cito uno: "Borges nacionalista", de Jorge Panesi; cito otro: "El escritor argentino y la tradición", de Jorge Luis Borges) para que retrocediera ese demonio de la simplificación que era el Borges europeísta, el Borges anglófilo, el Borges antiargentino, el Borges colonialista, el Borges imperial (no Borges, sino lo que de Borges hizo el antiborgismo, que es la cara complementaria del borgismo, así como el antiperonismo lo es del peronismo). Es sabido el tiempo que debió transcurrir y los textos que debieron escribirse para que se pudiese empezar a advertir esa condición tan argentina (¿exagero si digo nacional y popular?) de la literatura de Borges. Pero debió aparecer una novela escrita en francés por un autor francés (esa novela es *Une vie de Pierre Ménard*, el autor es Michel Lafon) para que en una de sus páginas (esa página es la número 175) se designe tan solo "el Argentino" y se entienda que el argentino es Borges. El gentilicio es elevado de adjetivo a sustantivo, y al elevarse se encuentra con Borges; pero todo eso escrito en francés, por un francés, en un libro francés dedicado a Pierre Ménard, ese francés fabricado en Palermo.

Mucho antes, más de treinta años antes, en julio de 1978, la editorial Freeland publicaba un libro de ensayos dedicados a la obra de Borges. Había en ese volumen artículos de Roger Caillois, de Gerard Genette, de Louis Vax, de Pierre Macherey. Todas, menos una, lecturas de la crítica francesa. En el prólogo del libro, el joven y ya lúcido Luis Gusmán formulaba su advertencia: "No cederemos a la ilusión especular como lo hace cierta crítica latinoamericana […] que fascinada por esa otra escena que es París y por el objeto de su deseo: la lengua francesa, no vaciló en repetir y en citar, palabra por palabra, lo que la nueva crítica —francesa por supuesto— había escrito sobre Borges". La tensión entre esas palabras preliminares y los sucesivos análisis que seguían a continuación, que el prologuista seguramente calculó pero el editor al convocarlo probablemente no, encuentra quizá una respuesta involuntaria en un detalle deslizado en el artículo correspondiente a Didier Anzieu. Anzieu efectúa un análisis de Borges; no un análisis crítico de los textos de Borges, sino un análisis terapéutico del propio Borges. En un momento determinado de sus consideraciones, hace referencia a Paul Groussac, por haber precedido Groussac a Borges tanto en la ceguera como en la dirección de la Biblioteca Nacional. Y en un desliz, o un error, o un fallido, en una *gaffe* o en un lapsus, designa a Paul Groussac como "escritor argentino". Las inoculaciones de francesidad en la cultura argentina, tan reconocidas por lo demás, encuentran un giro sensible en estas páginas sobre Borges: el francés Groussac es tomado como argentino por un crítico francés que, al equivocarse, y tal como lo pretende precisamente el psicoanálisis, dice sin querer una verdad.

10. LO QUE ENTIENDO POR BORGES

Lo que entiendo por Borges es lo siguiente: *La expresión de la irrealidad en la obra de Borges,* de Ana María Barrenechea; *Las letras de Borges,* de Sylvia Molloy; *Leer a Borges,* de Mario Goloboff; *El laberinto del Universo. Borges y el pensamiento nominalista,* de Jaime Rest; *Borges y la cábala,* de Saúl Sosnowski; *Borges, un escritor en las orillas,* de Beatriz Sarlo; *¿Fuera de contexto? Referencialidad histórica y expresión de la realidad en Borges*, de Daniel Balderston; *Jorge Luis Borges: obra y maniobras,* de Annick Louis; *Borges o la reescritura,* de Michel Lafon; *El factor Borges,* de Alan Pauls; *Borges crítico,* de Sergio Pastormerlo; "Ideología y ficción en Borges", de Ricardo Piglia; "Borges francófilo", de Juan José Saer; "Salir de Borges", de Josefina Ludmer; "Borges nacionalista", de Jorge Panesi; y etcétera, etcétera, etcétera, etcétera. Es decir, no ya lo que Borges dio a leer, o no solo lo que dio a leer, sino también, y sobre todo, lo mucho que dio a escribir.

11. UNA MANZANA INEXISTENTE

La célebre manzana de Serrano, Guatemala, Gurruchaga y Paraguay en la ciudad no existe más. Y no existe más por una razón bien sencilla: que justamente en ese tramo la calle Serrano ahora se llama Borges. Pero ¿entonces no hay manera, ni siquiera en Buenos Aires, de evitar que los ritos personalistas del borgismo se desencuentren con la literatura de Borges, de que la pierdan por el camino, tal como se perdería por el camino el que busque esa conjunción de calles en un mapa?

12. LO QUE ENTIENDO POR BORGES

Lo que entiendo por Borges es lo que tuvieron que escribir Manuel Puig, Juan José Saer, Ricardo Piglia, Rodolfo Fogwill, Cesar Aira, y etcétera, etcétera, etcétera, etcétera, para que se pudiese seguir escribiendo en Argentina después de Borges.

La cara de Perón

EXISTE UN PERONISMO CLÁSICO, muy claro y reconocible; no menos claro, no menos reconocible, existe un antiperonismo clásico también. Borges lo practicó de manera vitalicia. Si bien su lucidez cabal en la comprensión de las mitologías de lo nacional y de lo popular pudo procurarles un filo singular a sus ironías, que eran ya de por sí singulares, lo cierto es que Borges ejerció el antiperonismo con una tipicidad perfectamente asumida. Se atuvo a sus postulados, su doxa, sus tópicos más recurrentes, sin deseos de aportarles variantes ni mucho menos ambicionar un progreso. Una postura estable perduró, afianzada en su mismidad, en los años y en la historia.

Conocida es la versión que tramó, junto a Adolfo Bioy Casares, en clave de monstruosidad; entendiendo por monstruosidad la violencia artera de todos contra uno (igual que en "El matadero"), violencia de los feroces contra el letrado (igual que en "El matadero"), más el escándalo de cobrar un inaudito aire de fiesta (igual que en "El matadero"). Pero contamos con un registro distinto para Borges y para Bioy, modulado en el transcurso rutinario del día a día: proviene de ese monumento de lo extraordinario inscripto en un cotidiano ordinario, labrado en secreto y con constancia por Adolfo Bioy Casares, el *Borges*, la reunión de las anotaciones de su diario en las que Borges figura como personaje (las más de las veces) o como referencia (las menos).

El diario proporciona, como género, una ecuación bien ajustada entre lo privado y lo público, entre las conversaciones más reservadas (reservadas en su origen, pero luego divulgadas por la propia publicación del diario) y las manifestaciones abiertas; y a su vez entre las vidas personales y la realidad política general. El diario activa además una economía narrativa que recorta ciertos acontecimientos de trascendencia sobre el fondo de intrascendencia de los días comunes y corrientes. Hay que decir que el *Borges* funciona, en este sentido, como un ejercicio de abroquelamiento en la conversación literaria, tratando de que resulte lo más impermeable que se pueda. Basada, en lo sustancial, en la malevolencia vocacional y el chisme venenoso, esa conversación literaria infinita cumple su función principal en la medida en que garantiza un grado muy considerable de ajenidad. Estar en otra cosa, siempre en otra cosa, parece ser el propósito principal, y Borges se revela como un campeón en la materia.

El 25 de julio de 1955, Bioy anota una consigna impartida por César Dabove a propósito de los temas políticos: "No dejemos que Perón nos robe el diálogo sobre literatura" (140). Como puede verse, la conversación literaria es, a un mismo tiempo, aquello que hay que proteger de Perón y aquello que servirá para protegerse de Perón. Para poder estar en otra cosa, primero hay que construir esa otra cosa; forjarla, darle consistencia, hacerla inviolable. Y, en efecto, a lo largo de los casi cuarenta años que abarca el diario (desde mediados de 1947 hasta la muerte de Borges en 1986), son muy pocos los sucesos políticos que logran traspasar la membrana literaria y filtrarse en las conversaciones. Aparecen, sí, referencias amedrentadas a la quema de iglesias en junio de 1955 (incluidas las "ganas de llorar" [134] de Borges); una mención muy puntual de los alzamientos de junio de 1956 (Bioy escucha por radio el anuncio de la implantación de la ley marcial y lo comenta por teléfono con Borges); el repudio a las guerrillas y el apoyo de Perón a comienzos de los años setenta; el miedo a la vuelta al país de Perón. Y luego, en lo atinente al peronismo, casi nada más. El resto se pasa por alto, bajo regla de omisión; no merece mayores comentarios, o suscita comentarios que a criterio de Bioy Casares no merecen anotarse en el diario.

La presencia del peronismo a lo largo del libro no responde tanto a la atención que pueda prestarse a la realidad inmediata de los hechos (para el caso, se habla más de la elección de Arturo Frondizi, por ejemplo) que a una especie de presencia fantasmal. No es desde los sucesos concretos del día que el peronismo acecha (por lo pronto, en las 1663 páginas del volumen Evita no es mencionada nunca, ni siquiera en julio de 1952; se alude a ella como "la mujer de Perón" [303], y en una única oportunidad). En ese plano, el peronismo en el *Borges* se silencia; en un nivel más abstracto, genérico podría decirse, no cesa de traer problemas, perturba permanentemente.

La conjura diaria del peronismo adopta entonces dos variantes principales a lo largo de estas vidas: un obstinado desentenderse, por un lado, y por el otro, un ejercicio rutinario de consignas antiperonistas a repetición. Objetan así por caso la demagogia desvergonzada de

Perón; definen a los peronistas como "burdos imitadores" (441) de los nazis; opinan que los peronistas "vivían cinco en un cuarto y tenían Frigidaire" (275); comparan a Perón con el vómito (Borges: "El argentino vuelve a Perón" [758] así como el perro vuelve a su vómito); proponen declarar insanos a los peronistas (y a los comunistas, y a los radicales) para impedir que puedan ir a votar; critican el "exceso de libertad" de que peronistas y comunistas puedan "decir lo que se les da la gana" (803); asocian a Perón con Rosas para una misma condena; critican a Sabato por rodearse de peronistas y a Oliverio Girondo porque el peronismo "no pareció molestarle" (1167). Bioy dirá que "no basta ser antiperonista para ser una buena persona, pero basta ser peronista para ser una mala persona" (194); Borges dirá que "el partido peronista no puede prescindir de ladrones, asesinos, analfabetos: son la trama de que está hecho" (446). De manera más concreta (y habría que agregar, por qué no, que con razón) deploran los libros de lectura escolar del peronismo, el luto impuesto como obligatorio cuando la muerte de Evita, las torturas de los hermanos Cardozo, la persecución y el encarcelamiento de opositores, las represalias tomadas contra Borges por sus críticas al gobierno.

No es en las referencias concretas, sin embargo, donde el peronismo va a cobrar su carácter más amenazante, sino en las figuraciones afantasmadas como la que Borges menciona en junio de 1959: "Qué miedo si de pronto apareciera la cara de Perón, enorme y sonriente" (517). Ahí emerge el miedo puro, el de las historias de aparecidos, un miedo de Perón como aparición siniestra. El peronismo no es una cosa, ni siquiera una cosa política; el peronismo es *la cosa*. Y por ende, sin necesidad de entrar en los pormenores de lo concreto ni en el detalle del análisis de una realidad de coyuntura, el peronismo, indefinido y difuso pero aun así intimidatorio, o más bien intimidatorio por el carácter ominoso que puede llegar a adquirir lo que es indefinido y difuso, pasa a ser para Borges y para Bioy aquello de lo que hay que salvarse.

Los antídotos a los que apela Borges son de clara inspiración decimonónica. Se remite a la tradición literaria de la lucha contra la barbarie, y se remite a la superposición ideológica entre la patria y la acción del ejército. Son dos formas concluyentes de concebir la historia argentina: historia de la reducción de lo bárbaro, historia del coraje militar. Borges las invoca a manera de conjuro, siempre en clave de salvación: "Nosotros tenemos todavía peronismo, y nuestra salvación está en Sarmiento" (1246); "no comprende que, si se disolviera el ejército, nada nos salvaría de Perón" (308). El dispositivo sarmientino se aplica a las múltiples observaciones acerca de la literatura gauchesca, bajo el mismo criterio que impulsó a Borges a manifestar más de una vez la necesidad de que *Facundo* prevaleciera sobre *Martín Fierro* en el canon de los clásicos argentinos; lo que se dice de la gauchesca va a expandirse, en cualquier caso, para abarcar la cultura popular en un sentido más amplio, y lo que se dice sobre la cultura popular va a servir, a su vez, para precaverse del peronismo. ¿Cómo entender, si no, que Borges cuestione a Martín Fierro por ser un sanguinario y no apiadarse de nadie, más que de sí mismo, para agregar de inmediato que "Perón también fue así" (956)? ¿Cómo entender que la entonación canallesca de cierta versión del tango "Ivette" lo lleve a Borges a decir que "casi es como si Perón cantara" (269)? ¿Y cómo entender la convicción de que la esencia del peronismo está en la compadrada, lo peor del carácter malevo elevado a razón de Estado?

Es preciso contar con Sarmiento, para ser salvados del peronismo. Pero también con los militares argentinos, incluso cuando se los desprecia (Borges dirá, por ejemplo, que "a los generales argentinos cualquiera les gana. Hasta los argentinos"; pero para agregar, resignadamente, a continuación: "Ya lo sé: entre el peronismo y la patria solo están ellos" [762]). Por más que a Leopoldo Lugones se lo traiga a colación más que nada para pronunciarse sobre rimas o sobre metáforas, hay en el *Borges* una herencia evidente que proviene de "La hora de la espada". Tan solo la ideología del ejército salvador explica la manera natural (natural hasta la impudicia) y por demás insistente (insistente hasta la fijación) en que Borges y Bioy Casares justifican los golpes militares, si de salvarse del peronismo se trata. La exaltación de la Revolución Libertadora, y en especial del almirante Rojas, se extiende a lo largo del volumen, es decir, a lo largo del tiempo. La convicción de su carácter patriótico y salvador es tal que bien puede llevar a la condena lapidaria de quien no participa de esa opinión (concretamente, el vilipendio que se gana por esa razón Ezequiel Martínez Estrada); la reivindicación es tan plena que no encuentra un freno ético ni siquiera ante los fusilamientos de junio de 1956 ("Después la gente se pone sentimental porque fusilan a unos malevos", comenta Borges [176]). El golpe de 1955 cobra un valor tan ejemplar que habilitará, más adelante, una vocación golpista general (Borges celebra con un "¡Viva la patria!" el golpe de 1966 contra Illia, por ejemplo). La objeción puntual que Bioy dispensa a la dictadura militar del 55 es la de "no haber hundido al peronismo" (402). Borges, por su parte, va mucho más allá de la justificación habitual de los golpes militares bajo la necesidad de intervenir para poner en orden las cosas; cuando dice, hasta con melancolía, "parece increíble que se acabó la Revolución" (430), revela hasta qué punto encuentra deseable una perduración ilimitada del gobierno de facto de Aramburu o Rojas o Lonardi. Y es que el propósito de "poner orden", excusa usual para las intervenciones militares golpistas, las supone transitorias incluso cuando se prolongan por años; pero la preocupación de Borges es otra: ser salvado del peronismo, y no hay plazos para un desvelo así. El final de la "Revolución" lo hace sentir desprotegido. Todavía en 1982, hacia el final de agosto, acabándose la última dictadura militar y su baño de sangre, Bioy reproduce estos pareceres de Borges acerca de las recién anunciadas elecciones: "Si lo único que puede evitarlas es el golpe de Estado, que venga el golpe de Estado. Las elecciones son la vuelta del peronismo" (1572).

La otra opción, como queda dicho, es que una especie de absoluto literario, un mundo de puros libros, sirva para hacer al peronismo a un lado. Esta anotación de Bioy de agosto de 1957 lo resume bien: "Parece que el gobierno levantará en donde estaba la quinta de Unzué un edificio para la Biblioteca Nacional. Borges no durmió en toda la noche, de la emoción" (339). Pero la emoción de enterarse de que el lugar que ocuparon Perón y Evita será ahora ocupado por los libros no es tan límpida como se querría, y el desplazamiento de una cosa por otra no es tan sencillo siempre. El peronismo no aparece solamente en la política, es decir en la conversación política, sino en lugares imprevistos: en un tango cantado a lo canalla, y que por ende recuerda a Perón; en un paseo por Puente

Alsina (Borges: "La fealdad de estos lugares parece predestinarlos para Perón y el peronismo, para la misma cara de Perón" [839]); en una glosa de astrología improvisada (Borges: "Margot asegura que los astros están en contra de Perón y el peronismo" [1368]).

Tampoco la literatura está entonces completamente a salvo, ni garantiza del todo el poder ponerse a salvo. Porque existen escritores peronistas ("No hay casi escritores peronistas que merezcan algún elogio", dice Bioy [385]), porque aun el *Martín Fierro* acaba por llevar al peronismo (Marta Mosquera: "Si Martín Fierro viviera ahora sería peronista" [956]), porque existe una "idea peronista" (1062) de la literatura que es antiletrada y que no puede sino consternar. De un diario como *La Nación* nadie podría sospechar filoperonismo alguno; y aun así, en junio de 1972, Borges se resiste a publicar un soneto suyo en esas páginas porque "todo el tiempo publican declaraciones de Perón" (1447). No queda entonces, como se ve, ningún lugar sin mancillar, ningún resquicio donde guarecerse. El peronismo está por todas partes. Y si no está, si está prohibido, proscripto, perseguido, silenciado, puede aparecer en cualquier momento. Lo que termina siendo una manera más terrible de estar.

El recurso defensivo más eficaz que se registra en el *Borges* es el de la ironía a ultranza. Funciona bastante bien. En junio de 1971, la madre de Borges recibe el llamado telefónico de "un peronista" que procede a amenazarla de muerte; ella le responde que se apure, que tiene ya 95 años y podría morirse sola. Otras amenazas de muerte, ahora contra Rojas y contra Borges, aparecen en agosto de ese año en diversas pintadas callejeras; Borges las desestima: "No creo que sea verdad. Para poner letreros hay que tener un permiso municipal" (1400). Borges prodiga al peronismo encomios de pura ironía, como elogiar a los peronistas por ser fanáticos y no como sus opositores, dispuestos a comprender y a perdonar; por haber devuelto la impresión de una historia viva y una patria viva, al dar pie a la Revolución Libertadora. "El peronismo nos despertó" (1286), dice entonces Borges. "Los peronistas son la única gente respetable que hay en el país" (824), dice también.

El comentario de que la marcha peronista es en verdad una marcha escocesa o la opinión de que si Dios, según se dice, es peronista, se debe a que tiene mal gusto, van en esta misma dirección. La ironía es resistencia; un alivio al malestar, a la preocupación o al fastidio. Borges y Bioy Casares recurren a ella cada tanto, cuando pueden, como pueden. No la tienen siempre a su alcance. Y en marzo de 1973, Borges le refiere a Bioy una anécdota por demás inquietante: se cruzó por la calle con una manifestación peronista; "los muchachos" lo reconocieron y le cantaron: "Borges y Perón, un solo corazón" (1465). Borges explica que lo hicieron "en tono amistoso" (1465), y lo dice sin ironía. Porque si hay algo que el episodio le ha revelado es que existe una ironía peronista también. Y que puede perfectamente tomarlo, no ya tan solo como objeto, sino incluso como interlocutor[1].

1. Las citas corresponden a Adolfo Bioy Casares, *Borges*, Buenos Aires, Destino, 2006.

Contraluz

Es en un mismo párrafo, y más aún, es en dos oraciones consecutivas que Estela Canto define a Borges como "apolítico" y como "antiperonista". ¿Cómo puede conciliar esos dos términos, poner uno a continuación del otro, sin contradecirse, sin desmentirse a sí misma? Uno indica prescindencia, abstención, indiferencia; y el otro supone en cambio una toma de posición bien definida. Estela Canto los yuxtapone, sin embargo, y unidos por esa yuxtaposición, se los atribuye a Jorge Luis Borges.

Estela Canto fue una férrea opositora al peronismo. No dejó de ver, ante su aparición, ciertas líneas de continuidad con el fascismo, y sumó sin vacilar su firma a algunas declaraciones colectivas de disenso con el régimen. Y aun así o, en verdad, por eso mismo, alcanzó a establecer la diferencia sustancial que había entre su postura y la de Borges: qué significaba oponerse, para ella, y qué significaba oponerse, para él.

La disidencia de Estela Canto se sustentaba en un desacuerdo ideológico de fondo. Ella veía en el peronismo (como veía en el *Martín Fierro* de Hernández) una rebeldía por rencor que terminaba por agotarse en sí misma, que no alcanzaba a constituir un desafío verdadero al poder al que dirigía sus protestas. El antiperonismo de Borges, en cambio, anidaba en él como un asunto personal ("Borges sentía el peronismo como un agravio personal", dice Canto), ahí donde lo personal no es político, ahí donde es justo lo contrario, la neutralización de lo político, un factor de despolitización. Borges no quiso entender el peronismo y, no queriendo, no lo entendió. Entenderlo se le volvía una forma de admitirlo, y no estaba dispuesto a admitirlo. Canto narra escenas concretas, caminando los dos por la calle, por Constitución, en las que Borges lisa y llanamente se niega a la evidencia de la existencia de peronistas, es decir, del peronismo. Resistencia y negación de una realidad que luego afloraba para él en los sueños (le cuenta eso a Estela Canto: la vez que soñó que se encontraba con Perón en un viaje en subterráneo). El peronismo había traído a la ciudad, a la escena, a la vista, gente que por cierto existía, para incordio de los que pretendían que no existía o que no existiera.

Estela Canto le asigna a Borges una "ceguera voluntaria" en materia política, que es la que lo lleva incluso a defender lo indefendible (los golpes y las dictaduras militares, por lo pronto). Y es que el antiperonismo no era para él, en sentido estricto, objeto de una pura discrepancia política, incluso drástica, sino más bien algo del orden de la animadversión personal: algo tan visceral, tan impulsivo, tan difícil de manejar como lo es un sentimiento muy arraigado. Un sentimiento. En este caso, el odio: "Todo era muy confuso, pero el odio era real", escribe Canto; y más adelante, en relación con Evita: "El odio que inspiró a las mujeres de clase alta de su país fue despiadado, cruel y envidioso. Este odio, insípido, reiterativo, terco como suelen ser los poco lúcidos odios femeninos, encontraba —casi treinta y cinco años después de la muerte de Evita— eco en Borges".

Estela Canto era una opositora política del peronismo. El antiperonismo de Borges era otra cosa, era un encono irreductible y obstinado por el que cualquier fuerza, cualquier hecho, cualquier iniciativa que sirviera para contrarrestar el peronismo (y por extensión, el comunismo) lo complacía (satisfacía su odio) y concitaba su adhesión. Cualquiera, sí: no importaba cuál. Y es en esta aversión sin matices ni condiciones, sin mayor elaboración de fundamentos, que radicaba para Estela Canto el carácter apolítico de Borges, el carácter apolítico de su antiperonismo. Para ejercerlo y para sostenerlo a lo largo de los años, no era preciso interesarse en la política (de hecho, él no se interesó), ni era preciso "meterse" en política[2].

En un punto literariamente muy alejado de todo esto, que es la novela *No habrá más penas ni olvido*, Osvaldo Soriano le hace decir a un personaje: "Pero si yo nunca me metí en política, yo siempre fui peronista". Ocurre en ocasiones, y en verdad muy a menudo, que el antiperonismo adopta mecanismos de las pasiones del peronismo, solo que puestos a funcionar en reversa.

2. *Borges a contraluz*, de Estela Canto, fue reeditado por Emecé en agosto de 2023.

Un artículo sobre Borges

A FINES DE 1955, YA en plena dictadura, Borges publicaba en *Sur* un texto fundamental del antiperonismo (es decir, del peronismo, que al antiperonismo por cierto tanto le debe). El artículo es conocido, se titula "L'illusion comique", y es conocida la base de sustento de la objeción que Borges esgrime: lo que impugna en el peronismo es su carácter de simulación. Años después retomará el planteo en un texto breve de *El hacedor*, un texto cuyo título es precisamente "El simulacro". Todo en el peronismo, alega Borges, es un simulacro puro, y eso lo sulfura. Él mismo advierte, empero, que hay en esa simulación una visible eficacia, que incluso lo que es increíble consigue hacerse creer (¿cómo se le iba a pasar por alto al autor de "Emma Zunz" que hay un punto en el que la simulación se convierte ella misma en verdad, o que produce una verdad que emana de lo simulado? ¿Cómo se le iba a pasar por alto al autor de "Emma Zunz" el arte de tornar creíble lo increíble, conseguir que lo inverosímil acabe por imponerse a todos?). Todo esto es sustancial y ya ha sido considerado. Pero hay un párrafo de "L'illusion comique" en el que quisiera detenerme.

Es ese en el que Borges se ocupa del 17 de octubre de 1945 y dice lo siguiente: "Antes que anocheciera, el dictador salió a un balcón de la Casa Rosada. Previsiblemente lo aclamaron". Algunos términos son ya perfectamente reconocibles, como la postulación de una "dictadura" (y la consiguiente invocación de la "libertad" como coartada para los afanes golpistas). Pero Borges, que tropezó más de una vez con esa piedra, agrega al texto otro matiz, yo creo que más sutil, y es cuando dice "un balcón" en lugar de decir "el balcón". Ese paso ladino del artículo definido al artículo indefinido puede que resulte más punzante, en los términos que Borges se propone, que cuestionar la mera ficcionalización de la política en desmedro del realismo (rasgo encomiable en la literatura, pero no en la política —y tanto menos en quien propugnaba que la única verdad es la realidad—). Y eso porque cabría decir que la eficacia del peronismo radica en cierto modo en un movimiento exactamente inverso: el de pasar de lo indefinido a lo definido, del "un" al "el", de "una" a "la" (o, más aún, de "una" a "esa", como advirtió perfectamente Rodolfo Walsh con "Esa mujer"). Así parece operar un aparato de captura afectivo e imaginario: Plaza de Mayo, por ejemplo, deja de ser una plaza para pasar a ser *esa* plaza, la de esa vez, la de ese día; la marcha peronista no es una marcha, una entre otras, sino "la" marcha; Perón no es un general, sino "el General", y no era un viejo, sino "el Viejo"; y hasta el caballo pinto no es un caballo pinto, sino "el" caballo pinto. El peronismo fabrica emblemas, vuelve emblemático todo lo que toca; hasta los días de cielo celeste, las patas en la fuente, el bombo, la "v" de Churchill, la lealtad. El balcón de la Casa Rosada pertenece a ese mismo orden. Borges se propuso obturar prontamente el mecanismo, para anular el mito antes de que se asentara (después, nadie lo ignora, un mito es más difícil de remover). Sabemos que no lo consiguió: ese balcón es "el" balcón, y no "un" balcón; y cada uno que se asomó por ahí quedó de alguna manera emulando o retomando o citando un original (Galtieri para la guerra, Alfonsín para la democracia, Macri para la morisqueta y el ridículo, etc. Incluso Perón, en el regreso, guareciéndose tras un ominoso vidrio blindado, resultó en cierto modo un remedo, una versión devaluada de una cita original). Este poder de convertir el "un" en "el", lo indefinido en lo definido, ¿no estará dando una clave de la poderosa relación del peronismo con la ambivalencia? Con la ambivalencia, no con la ambigüedad: con ser esto y a la vez lo otro, una cosa y a la vez la contraria, pero nunca la cosa intermedia. Lo intermedio, por eso mismo, no es sentido como un matiz, como mesura o como moderación, sino como lo indefinido. Apenas una imprecisión, y por ende una insuficiencia. ¿Dice algo todo esto acerca de Alberto Fernández? ¿Sugiere algo, insinúa algo? Yo no lo sé. Me lo pregunto.

Crédulo amor

No es preciso plegarse a la visión de un Borges posmoderno, o posmoderno *avant la lettre*, para advertir que en "El simulacro" hay algo de Jean Baudrillard o hay mucho de Jean Baudrillard. Y "El simulacro" lo publicó Borges en 1961, como parte de *El hacedor*, en tanto que *Cultura y simulacro,* de Baudrillard, apareció en 1978. Una misma idea los conecta: la que postula que el simulacro no lo es respecto de una realidad verificable y patente, porque aun esa realidad resulta ser también ella en definitiva un simulacro. Baudrillard lo pone en términos de una liquidación del referente, por la cual una representación, desligada de ese afuera, acaba por volverse absoluta. Y entonces eso que antaño, bajo el paradigma de la modernidad, funcionó como representación es ahora simulacro: ni la realidad ni la verdad ya le atañen.

El recorrido en Borges es distinto, pero congruente, y sigue más bien la línea del idealismo filosófico, o la del soñador soñado, a la manera del poema "Ajedrez" o del relato "Las ruinas circulares". Con un agregado en cualquier caso fundamental, que va más allá de la postulación genérica de la irrealidad de lo real, y que es ni más ni menos que el peronismo. El peronismo y su farsa, o el peronismo como farsa, tal cual lo encuadró en "L'illusion comique", es lo que decide políticamente la irrealidad de la realidad.

Y así funciona el simulacro en "El simulacro". El velorio de Evita en un remoto pueblo del Chaco tan solo simula el velorio real, y es al mismo tiempo su farsa; un paisano adusto hace de Perón, una muñeca en una caja de cartón hace las veces de Evita. Puesto así, en esos términos, podría perfectamente tratarse de una representación; pero no lo es, es un simulacro, porque tampoco Perón es Perón y tampoco Evita es Evita: "El enlutado no era Perón y la muñeca rubia no era la mujer Eva Duarte, pero tampoco Perón era Perón ni Eva era Eva sino desconocidos (cuyo nombre secreto y cuyo rostro verdadero ignoramos) que figuraron, para el crédulo amor de los arrabales, una crasa mitología".

En la "fúnebre farsa" del Chaco, repetida por lo demás en muchas partes, "está la cifra perfecta de una época irreal". Porque el que hace de Perón en aquel rancho cerca del río tiene "una cara inexpresiva de opa o de máscara": detrás de la máscara está el rostro, pero el rostro es de máscara también (y de opa); el cuerpo verdadero de Evita, embalsamado y confundido con réplicas demasiado perfectas, pasa a veces por una muñeca. Por eso lo que hay es simulacro, y no apenas representación convencional: porque rostro y máscara se confunden, porque se confunden cuerpo y muñeca, porque el que hace de Perón no es más ni menos real que Perón (al que, por eso mismo, "representaba o ya era").

Farsa y simulacro: no hay otra cosa, para Borges, en el peronismo. Y, sin embargo, sí hay otra cosa en "El simulacro" de Borges. Beatriz Sarlo lo detecta, cuando escribe sobre este texto. Entre la farsa y el simulacro de un Perón que no es Perón, porque tampoco Perón lo es, y una muñeca que no es Evita, porque Evita tampoco lo es, hay algo que existe y se sostiene con el neto espesor de una verdad: el dolor popular por la muerte de Evita. El enlutado no es Perón, su rostro es máscara, lo suyo es farsa; pero cuando recibe, "muy compungido", el pésame de los pobladores, es verdad que está muy compungido. Las "viejas desesperadas" que acuden al lugar están desesperadas de verdad. Los peones que saludan "con respeto" ofrecen un respeto verdadero. Los "chicos atónitos" están atónitos.

El sentimiento popular es verdadero: es verdadero ese "crédulo amor" de los arrabales. "La historia es increíble pero ocurrió", dice Borges; y lo "crédulo" del crédulo amor popular compensa y revierte lo "increíble" de la historia. Esa formulación puntual, por otra parte, la de "la historia es increíble pero ocurrió", ¿no remite acaso a "Emma Zunz", ese cuento que Borges escribió en los años cuarenta? Hacia el final de ese cuento, Borges escribe: "La historia era increíble, en efecto, pero se impuso a todos". Es decir que la historia es increíble pero logra ser creída, tendrá sus crédulos, se impondrá. Y es que al interior de la trama fingida, en la que Emma fingió primero ser delatora, luego fingió ser prostituta y por fin fingió haber sido abusada por Loewenthal, había pese a todo una verdad, la verdad de lo que ella sentía, la verdad de la humillación que vivió. Por eso entonces, según concluye Borges, "verdadero era el tono de Emma Zunz, verdadero el pudor, verdadero el odio. Verdadero también era el ultraje que había padecido".

Entre "Emma Zunz" y "El simulacro" y sus historias increíbles pero creídas, es esa la verdad que aparece. Entre el fingimiento de las escenas fraguadas, la farsa y el simulacro, una verdad, esa verdad: la verdad del ultraje, la del dolor, la del sentimiento; la verdad visceral de los humillados, cuando han conseguido hacer algo con eso y redimirse con su acción de los ultrajes que han padecido. Leído a través de "Emma Zunz", esa mujer que mata a un hombre, esa "obrera" que mata al patrón, asoma inesperadamente otra impronta para "El simulacro", otra "cifra perfecta" del peronismo.

Subterráneo

EN 1972, MARÍA ESTHER Vázquez les hace una entrevista conjunta a Jorge Luis Borges y Eduardo Gudiño Kieffer. En razón del clima de época (del clima y de la realidad de los hechos), empieza por plantearles a ambos un tema más que candente: el tema de la violencia, de "un mundo regido por la violencia" a partir del "empleo de nuevas formas de lucha ideológica". Ni Borges ni Gudiño Kieffer se pronuncian en contra. En Borges era de prever, ya que es sabida su admiración por el coraje de los hombres que se ponen en juego en escenas de matar y morir; ya sea en batallas, ya sea en duelos (es decir, en distintas escalas: la del despliegue, la de la intimidad).

Los dos se abstienen de condenar la violencia, y así es que en un principio coinciden. Borges se muestra incluso más resuelto que Gudiño, ya que mientras Gudiño moderadamente admite que "nunca tomaría un arma, será cobardía, pero no estoy hecho para eso", a la pregunta de si teniendo "edad y condiciones físicas" tomaría un arma y saldría a la calle, Borges en cambio contesta: "Creo que sí, como lo hicieron mis abuelos" (en esa frase, apretadamente, se cuenta en cierta manera "El Sur"). Coinciden en apreciar la violencia, aunque divergen a continuación en el modo de entenderla. Borges empieza por relativizar su crudeza de ese 1972: "Esta época, por de pronto, me parece menos violenta que el siglo XIX. Antes las revoluciones eran más cruentas". Gudiño, por su parte, la reformula como contraviolencia: "Es una reacción violenta contra otras violencias latentes, contra un sistema que decae cada vez más y oprime para mantenerse firme". Borges, claro, no está de acuerdo con esto; para él no hay opresión social, sino al revés, "una libertad excesiva" (el ejemplo que ofrece al respecto es que "las calles están llenas de retratos de Perón").

María Esther Vázquez pregunta entonces, directa: "¿Entonces la violencia puede ser sensata?". Gudiño ya ha dado a entender que sí, concebida como contraviolencia frente a la violencia de la opresión social. Y Borges responde igualmente que sí: "La violencia en sí puede ser justificada", aunque lo hace con una fundamentación muy de otro orden: "Cuando me han sacado una muela era una violencia que me convenía" (no es la única referencia que propone, en cualquier caso. Antes encontró justificación, a diferencia de Gudiño Kieffer, para la guerra de Vietnam, por entonces en curso). Gudiño detecta entonces una violencia solapada, subyacente, latente, la de la opresión social, contra la cual parece justo oponer otra violencia. A Borges la violencia le resulta igualmente justificable, pero niega que esa violencia previa exista, y reprueba que esta otra que pretende estar oponiéndosele sea oculta, clandestina (la violencia del poner bombas: sigilosa y no frontal).

Puede ser interesante volver a esta conversación de hace ya cincuenta años; entre otras cosas, porque en el último tiempo han surgido algunos jóvenes aparentemente desinformados, que recién ahora se enteran de que entre las organizaciones políticas que en los años sesenta-setenta se proponían una transformación radical de la sociedad argentina, hubo sectores que con tal fin apelaron a la lucha armada. Sobre eso conversaron por lo pronto Gudiño Kieffer y Borges: sobre justificaciones y sobre metodologías, coincidiendo y discrepando, en acuerdo y desacuerdo.

La forma de la espada

E S CLARO LO QUE le agradecía a Videla: que hubiese quitado al peronismo del poder (reproducía, en 1976, la tesitura de 1955). Y es claro lo que le agradecía a Pinochet: que hubiese luchado contra el avance del comunismo en América Latina. Había cosas que por entonces ignoraba y que, fuesen las que fuesen las razones de esa ignorancia, sabría solamente después. Pero no puede decirse que los motivos que inspiraron su gratitud hacia Videla y hacia Pinochet fueran falsos en sentido estricto. Porque, en efecto: Videla había quitado al peronismo del poder y Pinochet había luchado contra el avance del comunismo en América Latina. Haciendo del antiperonismo y del anticomunismo principios prácticamente absolutos en la política y en la existencia, el reconocimiento personal era un corolario incluso esperable.

Y así fue que Borges acudió (pero no fue el único en acudir) a un almuerzo de escritores con Jorge Rafael Videla, en mayo de 1977. Y así fue que, en septiembre de 1976, mantuvo un encuentro en Santiago de Chile con Augusto Pinochet, adonde había asistido para recibir un premio (le advirtieron que, de hacerlo, arruinaba irreparablemente sus chances de ganar el Premio Nobel de Literatura, que no eran pocas. Pero Borges decidió respetar la palabra que había comprometido. Cabe agregar, por lo demás, que lo que hizo no fue sino anteponer sus más arraigadas convicciones políticas a una mera especulación literaria).

Borges dijo de Videla que le había parecido un caballero. Lo dijo cuando, tras el encuentro, le pidieron que diese su impresión. Es interesante considerar que haya podido estar en lo cierto, es decir, que una persona, en este caso Videla, pueda ser el responsable directo de los crímenes más aberrantes de la historia argentina, sin por eso perder la cortesía, las buenas formas, el atildamiento, la sobriedad, la prestancia, los modales, en fin, la caballerosidad. Al recibir el premio en Chile, por su parte, lo que hizo Borges fue volver a Lugones, acaso con más decisión y con más precisión que en el conocido prólogo de su libro *El hacedor*. A más de medio siglo de distancia, retomó casi expresamente al Lugones pregolpista de "La hora de la espada". Ensayó una disminución de la pluma, y de su condición de hombre de pluma, y a cambio exaltó la espada, ensalzando a los hombres de espada, como lo era Pinochet.

No estaba lejos de Juan Dahlmann en "El Sur", puesto a elegir entre sus dos linajes, el del abuelo pastor evangélico y el del abuelo militar, ni de la observación jocosa de que fuese tan luego Menard, y no Miguel de Cervantes, quien llevara a su personaje a inclinarse por las armas y no por las letras. Solo que ahora no estaba escribiendo un cuento en clave más o menos autobiográfica ni tramando una ficción con aspecto de ensayo acerca de lectores y autorías. Estaba aludiendo a Pinochet, en el Chile de Pinochet.

Claro que no es menos significativo el parecer que Videla o Pinochet pudieron hacerse a su vez de Borges; después de todo, también para ellos el encuentro suponía un acontecimiento, la ocasión de entrar en contacto con un hombre ciertamente notable. Consultado, años después, sobre aquel almuerzo con escritores y sobre los elogios que le dispensaron, Videla expresó: "Fue un almuerzo encantador desde el punto de vista de la actitud de Borges y Sabato, que desarrollaron un diálogo muy rico entre ellos [...]. Yo prácticamente no hablé, pero ellos dijeron que era inteligente, preparado, culto. Realmente, no había tenido tiempo de expresar todo eso"[3]. Se ve que Borges, según parece, armó algo así como un rancho aparte con Sabato y se dedicó a hablar con él de asuntos literarios a todas luces excluyentes.

¿Se trató, acaso, de un desplante, de alguna forma de desatención taimada por premeditación? Todo parece indicar que no. Y es que en otras ocasiones, en otras comidas compartidas que para nada tenían el tenor de esta tan particular, Borges había hecho más o menos lo mismo: desentenderse abiertamente del entorno general, abocarse en un mano a mano con un comensal predilecto o próximo, enfrascarse en temas literarios muy suyos y pasar la velada entera en estado de ajenidad. ¿No hay en esto todo un arte? El arte de estar en otra. Borges, según dicen, solía practicarlo, no es algo que pusiera en práctica porque se trataba de Videla (aunque tampoco se privó de hacerlo porque se trataba de Videla).

3. Declaraciones recogidas por Ceferino Reato en *Disposición final. La confesión de Videla sobre los desaparecidos*, Buenos Aires, Sudamericana, 2012, pp. 251-252.

El caso de Pinochet fue bien distinto, y no por Borges, sino por Pinochet. A diferencia de Videla, que convivía más apaciblemente con su evidente chatura, y que a lo sumo buscaba matizarla cada tanto con laboriosas intentonas de reflexión, Pinochet tenía, por inverosímil que parezca, fuertes ambiciones de lucimiento intelectual. Además de serlo por ciertas cualidades más específicamente castrenses, Pinochet pretendía ser reconocido como autor de libros de geopolítica. La resignada indiferencia de la acogida de sus obras, o la magra aprobación que debió ocuparse de gestionar él mismo, no dejaba de mortificarlo, y llegó a valerse del poder del Estado, cuando lo tuvo en sus manos, para hacer reimprimir y distribuir su propio libro. Le cupo a Pinochet lo que a cualquier autor frustrado: en la medida en que el reconocimiento obtenido se esforzaba por forjarlo él mismo, no podía satisfacerlo, y de hecho no lo satisfacía. Con tales complejos de inferioridad andaba lidiando el dictador. Y entonces se presentó la ocasión: la ocasión de un encuentro con Borges.

Sabemos lo que ese encuentro representó para Borges, tanto en su significación política como en sus consecuencias literarias, ambas cosas asumidas a plena conciencia por él. Pero está también lo que representó para Pinochet: la oportunidad de lucirse intelectualmente, la de exhibir, ante un referente cultural mayúsculo, sus propios méritos de autor: "Al comparecer en el edificio Diego Portales, Borges, probablemente sin saberlo, tocó una fibra sensible de su principal ocupante. Pinochet era un militar de tomo y lomo, de eso no hay dudas, pero también, en su lógica, que es la lógica de cuartel, era un intelectual. Incluso un escritor. Así al menos se veía a sí mismo y se empeñó en que lo vieran [...]. De una cierta forma, esa mañana de miércoles 22 de septiembre, Augusto Pinochet se sintió frente a un igual"[4].

Se produjo así, entre los dos, un curioso entrecruzamiento: mientras Borges, hombre de letras, declinó al recibir el premio esa condición menguada para declararse tanto mejor admirador de los hombres de espada, Pinochet, hombre de espada, se esmeró en su encuentro privado para mostrarse, ante el escritor mayor, también él hombre de letras. La extensa y diversa historia de las relaciones entre literatura y política, con la subvariante de las relaciones entre los escritores y los hombres del poder, tienen en estas escenas algunas de sus manifestaciones sin dudas más singulares.

4. Juan Cristóbal Peña, *La secreta vida literaria de Augusto Pinochet*, Santiago de Chile, Debate, 2013, p. 120.

Las formas de la violencia

ES POR ASCO, POR asco ante su cobardía, es decir por puro desprecio, que en "Hombre de la esquina rosada" Francisco Real prescinde de matar a Rosendo Juárez. Lo desafió a pelear y el otro se negó. Ahora ya no quiere matarlo. No quiere, pero en verdad tampoco puede. Rosendo desistió tirando su cuchillo (el cuchillo que la Lujanera le había puesto en las manos, para que peleara) al arroyo Maldonado. En los códigos de coraje de este mundo tan admirado por Borges, no hay ningún valor (en ninguno de los sentidos de la palabra) en matar a un hombre desarmado. Y Rosendo Juárez está ahora desarmado, aunque por propia voluntad. Real entonces simplemente lo deja (y se lleva a la Lujanera). No se ataca a quien no puede defenderse.

Borges retoma conocidamente esta clave en el tramo final de "El Sur". A Dahlmann lo desafían a pelear en un almacén de campo. Pero él no puede aceptar ese desafío, y el otro además no puede sostenerlo, porque no lleva un arma consigo. Es el momento en el que, estremecedoramente, un viejo gaucho del sur que se acurrucaba en ese sitio le alcanza una daga. Se la alcanza para que pueda pelear. Pero también, en realidad, para que *tenga que* pelear. Porque el otro, una vez más, no iba a poder atacar a un hombre que estaba indefenso. Ahora que Dahlmann recibe la daga, ahora que la sostiene en su mano, sí puede hacerlo. Y va a hacerlo.

En el boxeo, que es la continuación del duelo por otros medios (o la continuación del duelo con menos medios; sin pistolas, sin cuchillos), rige una regla semejante: no se le puede pegar al que ha caído. Incluso antes de que existiesen medidas de protección como el rincón neutral y la cuenta de ocho segundos, había que esperar a que el otro se levantara para poder reanudar la pelea. Había que esperar a que se levantara y a que levantara a su vez la guardia. No se golpea a quien no está en condiciones de defenderse.

En la ficción y en la realidad, en la literatura y en el mundo, se trata de variaciones en torno de un mismo tema: el de la violencia y su administración social. Entre los asesinatos en riña que ahora vemos (los vemos porque alguna cámara de seguridad los registra o porque alguien, uno de los testigos o uno de los agresores, se ocupa de filmarlos con su teléfono), aparece con frecuencia esta circunstancia: al que matan lo matan porque le pegan cuando ya quedó tirado en el piso, incluso cuando yace inerte y sin reflejos defensivos. Le pegan a mansalva, una vez que ha caído, o bien lo hacen caer para poder pegarle a mansalva. A veces golpea uno solo (como en el reciente crimen cometido para robar una botella de sidra) y más a menudo golpean entre varios (como en las frecuentes grescas a la salida de los boliches, donde hay varios que se suman a la paliza solamente cuando la víctima queda a merced: en el suelo o desvanecido).

¿Será un signo de los tiempos? No lo sé. ¿Algo que, más relegado o inadvertido, cobra hoy preponderancia, se vuelve más ostensible? No lo sé. En la violencia cobarde del todos contra uno (la de "La fiesta del monstruo" de Borges y Bioy Casares, la de la versión opuesta de "El niño proletario" de Osvaldo Lamborghini, la de la partida policial contra Martín Fierro, la de los federales contra el unitario en "El matadero"), ese uno no dejaba pese a todo de defenderse o de resistirse así fuera malamente (aun el unitario de "El matadero", al que maniatan para tenerlo inmóvil, se resiste moviéndose por dentro, incluso hasta reventar). El tenor del asunto cambia cuando la violencia se descarga (se descarga y se goza) sobre aquel que ya no puede guarecerse o responder (y el goce radica precisamente en esa condición inerme). ¿Golpear hasta que ya no se defienda? No: golpear *desde que no* se defiende. ¿Golpear para que no se defienda más? No: golpear *porque no* se defiende más.

Se produce en cierta manera una inversión del gag del boxeador que cae noqueado por la bolsa de entrenamiento (y ya deja de ser un gag). El gag consiste en que el objeto inerte solo está ahí para recibir los golpes, pero parece cobrar vida y de pronto los devuelve. Hoy todo parece derivar hacia la situación opuesta, el contrincante deja de devolver los golpes y está ahí solamente para recibirlos. ¿Será por eso que, para un paradigma perceptivo moldeado en el boxeo clásico, hay un momento de sorpresa y consternación, un trance de alarma y respingo, ante las cruentas peleas de UFC, en las que al caer a la lona un peleador, la golpiza del otro no solo no se detiene sino que, por el contrario, se encarniza, recrudece, arrecia?

La violencia de las palabras no es igual que la de los cuerpos, pero es violencia también. ¿No se está verificando últimamente, también ahí, cierta tendencia análoga, un cambio en cierto modo semejante? Se ataca al que se ataca si no es interlocutor, si el agravio va a ser unidireccional; es decir, en resumen, si se supone que no va a contestar. Y si llega a contestar, por eso mismo, ¡es un escándalo! Algo, en fin, tan inaudito, como el caso de la bolsa-objeto que de pronto devuelve el golpe. Si contesta, si reacciona, si ya no queda a merced del agresor, el goce de esa violencia se acaba. Se prolonga como violencia, incluso se perpetúa, pero ya despojada de goce: cargada tan solo de frustración y rencor.

Fuera de escena

EL FUERA DE ESCENA y la inesperada revelación final son los recursos fundamentales de "Hombre de la esquina rosada". Borges compuso ese cuento, que fue su primer cuento, solapando y amañando la exposición de su episodio principal (el momento en el que el narrador de la historia da muerte a Francisco Real), para lograr un efecto de sorpresa en el párrafo final (en el que el propio narrador da a entender, sin tampoco decirlo expresamente, que el que dio muerte a Francisco Real no fue otro sino él). Es en la relectura del texto, ya que difícilmente lo sea en una lectura primera, que es posible detectar que ya en el comienzo había pistas de eso que se sabrá solo en el final. Porque ya en el párrafo inicial dice el narrador que trató tres veces con Francisco Real ("Arriba de tres veces no lo traté, y esas en una misma noche") y ante los lectores solo transcurrieron dos, es decir que falta una, que hay una que está siendo omitida, y esa una es cuando lo mata (aunque matar a alguien es una forma bastante particular de "tratar" con él). Pero además, y a continuación, el narrador menciona que esa noche la Lujanera se fue a dormir con él ("pero es noche que no se me olvidará, como que en ella vino la Lujanera porque sí, a dormir en mi rancho"), lo que solo puede significar que el narrador es quien mató a Francisco Real y así dio prueba cabal de su coraje, ya que a lo largo del relato comprobamos que la Lujanera abandona a los hombres cobardes ("dejalo a ese, que nos hizo creer que era un hombre": así desprecia al amedrentado Rosendo Juárez, que se rehusó a pelear con Real) y se va con los valientes (en principio con Francisco Real, a quien se entrega por admiración).

El fuera de escena en "Hombre de la esquina rosada", sin embargo, no es apenas una treta narrativa para omitir, como se omite, el relato de la acción más importante de la historia, sino un principio constructivo del cuento entero: el cuento entero se construye sobre la base de que algo pasa afuera y recién después se sabe: el acercamiento del carro con los norteros, la llegada de Francisco Real, el llanto de la Lujanera al volver, la voz quebrada de Francisco Real al volver, el acercamiento de la policía a caballo. Todo va sucediendo así: como algo que ocurre afuera, y después se sabe qué era. Y el narrador, en sus ardides de tal, no solo se disimula a sí mismo al no contar, sino al final, y de forma indirecta, que el que mató a Francisco Real fue él (el de Borges es también un cuento policial de enigma, en el que el asesino resulta ser el mismo que está narrando), sino que a lo largo de toda la narración es una y otra vez el que se ve pasado por alto o el que se las compone para disminuirse y pasar inadvertido (es uno más "en el montón" de los saludados por Rosendo; Real estira los brazos y lo hace "a un lado, como despidiéndose de un estorbo"; se ubica en un lugar adonde nadie mira: todos miran hacia el fondo del salón de Julia, y él está cerca de la puerta; sale del baile "orillando la paré", para no llamar la atención; Rosendo lo hace a un lado de un codazo ("vos siempre has de servir de estorbo"); vuelve al baile haciéndose "el chiquito" y se entrevera "en el montón", etc.).

El narrador de "Hombre de la esquina rosada" sabe callar (no decir en el decir) y escabullirse (escabullirse en lo narrado, no menos que en la narración: los personajes de la historia no se fijan demasiado en él, y nosotros, mientras leemos lo que cuenta, tampoco). A esas tretas, agrega otra: un deslizamiento ladino de la primera persona a la tercera (Borges se valdrá de ese mismo recurso en un cuento posterior, "La forma de la espada"): habla de sí mismo en tercera persona, o cuenta lo que hizo como si lo hubiese hecho otro, como si él mismo fuese otro ("yo pensé que no le había temblado el pulso al que lo arregló"; "aprovechadores, señor, que así se le animaban a un pobre dijunto indefenso, después que lo arregló otro más hombre"). El tópico borgeano de la fusión uno/otro, el otro/yo, cobra en este caso un carácter propiamente narrativo, más que metafórico o trascendental: contar los hechos como si uno fuese otro, o contar los hechos de tal modo de poder ser otro ("hacerse el otro" es una expresión popular que alude al disimularse, al hacerse el distraído).

Ahora bien, el movimiento pronominal que articula "Hombre de la esquina rosada" no se reduce al vaivén intencional entre la primera persona y la tercera, sino que involucra además una notoria apelación a la segunda. Y esa segunda, la de una interpelación directa, ofrece a la vez una oscilación significativa entre el plural y el singular ("a ustedes, claro que les falta la debida esperiencia para reconocer ese nombre"; "aprovechadores, señor"), dando a entender por momentos que el narrador les está contando esta historia a varios y por momentos que se está dirigiendo a uno solo. Y, en verdad, las dos cosas: se la está contando a varios y, entre esos varios, de pronto se dirige especialmente a uno. Ese uno tendrá nombre, lo tendrá en el párrafo final, el de la revelación de lo omitido, y no será otro que "Borges", el mismo nombre del autor del cuento (esto mismo ocurrirá también en el final de "La forma de la espada").

Esta mención es decisiva y de hecho lo cambia todo. Así como le ocurre a Juan Dahlmann en el desenlace del cuento "El Sur", que tiene que salir a pelear una vez que el patrón del almacén pronunció su nombre, también Borges ha sido nombrado y ahora es parte de la historia (no es que tenga que salir a pelear, pero queda involucrado). ¿De qué forma? ¿Para qué? Borges escribe "Hombre de la esquina rosada" en un registro de oralidad popular (en una oralidad no mimética ni sistemática, sino de vocación de artificio): el que vivió los hechos los cuenta a un grupo de oyentes, pero en ese grupo hay uno que se llama Borges y que va a escribir lo que oyó (no se escribe tomando vivencias propias, sino el relato en transcripción de lo vivido por otros, es una clave del tipo: "En Junín o en Tapalquén refieren la historia" con que comienza el breve texto "El cautivo"). La segunda persona de "Hombre de la esquina rosada", y más específicamente el vocativo "Borges" que consta en su última frase, constituyen en lo fundamental el dispositivo narrativo del cuento. Esto es: un personaje del mundo popular es quien pone el cuerpo y vive los hechos; luego los narra, en un registro oral, a un grupo que lo está escuchando; en ese grupo hay un letrado, un letrado al que se singulariza en un nombre, que traspasará a la escritura ese relato oral, y así lo hará entrar en la literatura (o si se quiere: en la Literatura).

¿Y no es este, acaso, según lo analizó Josefina Ludmer, el pacto fundante del género gauchesco: un pacto entre la voz y la letra, un movimiento crucial entre cuerpo y ley, entre el mundo popular y el mundo letrado? Así se da en *Martín Fierro*, por lo pronto, en el centro mismo del canon literario argentino del siglo xix: la voz del gaucho traspasa a la letra, por mediación de José Hernández, y así el canto se hace literatura. De lo que ahora se trata es de esa operación literaria que Borges emprendió a conciencia, y que Beatriz Sarlo definió en términos de un "criollismo urbano": retomar la mitología de lo popular que la tradición gauchesca había establecido para el ámbito rural, para generar por su parte una mitología de lo popular pero inscripta en el espacio suburbano, en las orillas, en los márgenes de la ciudad. Hay en eso mucho más que un mero desplazamiento espacial: fue preciso retomar, reactivar y transformar todo un mecanismo de inclusión de lo popular en la esfera letrada. "Hombre de la esquina rosada" asume en ese sentido una importancia especial, porque es el propio dispositivo de enunciación lo que se retoma y se reactiva y se transforma. Borges tiende en general a disociar y a mediatizar estas tres instancias: la de la vivencia, la de la narración y la de la escritura; el que vive no es el que narra, o el que vive y narra no es el que escribe. Pero el pacto que en "Hombre de la esquina rosada" hace posible el traspaso de la esfera del cuerpo, la vivencia y la voz a la esfera de la escritura y la literatura corresponde significativamente al pacto que sustenta constitutivamente a la gauchesca, por lo que hace al proyecto de criollismo urbano en sus mismas condiciones narrativas de posibilidad.

La literatura de Borges será indiscutiblemente canónica, es decir, central, en el siglo xx, tal y como el *Martín Fierro,* de Hernández, lo es en la literatura argentina del siglo XIX. Esa centralidad, o esas centralidades, esas máquinas literarias de inclusión y legitimación, se nutren visiblemente de los excluidos, los marginados, los relegados. El gaucho de José Hernández o los compadritos, los malevos, los orilleros de Borges son figuras postergadas o laterales (y del gaucho Martín Fierro Borges destacará especialmente lo que no tiene de ejemplar o de encomiable); son figuras marginadas socialmente (el gaucho en sus condiciones de vida) o geográficamente (los compadritos como héroes de las orillas). Pero esa centralidad, la del canon literario, ya se trate del canon gauchesco o del canon borgeano, no revierte la marginalidad, no la anula ni la subsana: se hace centro con el margen, en tanto que margen (así como Borges en la literatura mundial, según él mismo consideró en "El escritor argentino y la tradición", se hace centro desde la periferia y a través de la periferia, como marca de la condición argentina, y no a pesar de ella). Se incluye entonces a los excluidos, pero en tanto que excluidos, y no para que dejen de serlo. Tal vez hasta podría decirse que lo que se incluye es la propia exclusión; que la exclusión no remite exactamente a un afuera, o que en todo caso el afuera mismo está en verdad adentro. Que el gaucho haya llegado a convertirse en un emblema de la identidad nacional (y que la revista de vanguardia de los años veinte, de la que el propio Borges participó, se llamara *Martín Fierro*; o que los premios que actualmente se entregan a las figuras de la televisión argentina de cada año, con la correspondiente estatuilla, se llamen Martín Fierro) no supuso ni supone que su marginación social se haya remediado: es ella misma parte de la consagración; los compadritos y los orilleros de los cuentos y las milongas de Borges no son llevados del margen al centro, es decir, de la orilla al canon: son el canon por orilleros, en el margen está su centro. Y es entonces la propia exclusión lo que decididamente define la manera de incluirlos.

El juego de elidir y revelar que trama el narrador de "Hombre de la esquina rosada", juego de ocultamiento y de intriga en el arte de narrar, transcurre de hecho entre esos dos planos: el del mundo popular de las orillas, al que pertenecen tanto el narrador como la peripecia referida, y aun el registro de oralidad que emplea, y el de la escucha de ese letrado al que conoce porque menciona su nombre, y que será su transcriptor. El relato alberga un silencio: esa parte en la que se salta del momento en que se busca a Real y a la Lujanera ("muy lejos no podían estar. A lo mejor ya se estaban empleando los dos en cualesquier cuneta") y el momento de regresar al salón de Julia ("cuando alcancé a volver, seguía como si tal cosa el bailongo"). En el blanco que se despeja en el texto al pasar con un punto y aparte de una situación a la otra, está lo no dicho, lo que el narrador de la historia no narra: cómo fue que los encontró y vengó la humillación del barrio, el oprobio general a causa de la cobardía de Rosendo, enfrentando y matando a Real. Ahora bien, ¿dónde elide, y para quién, este narrador que elide? ¿Y dónde, y para quién, revela cuando revela?

El mundo popular de las orillas, tal y como lo versiona Borges, es el mundo del culto al coraje. Su régimen de prestigio responde en eso a una lógica evidente: se admira al que prueba su valentía en los duelos a cuchillo, y hasta al que debe muertes a la justicia; a eso responden los jóvenes de Villa Santa Rita y a eso responde la Lujanera (a quién deja, con quién se va). Por eso Rosendo es venerado en el barrio, por eso luego el barrio se abochorna de él;

por eso Real se impone y prevalece y sus hombres dominan el salón de baile y él se va con la Lujanera a emplearse en cualesquier cuneta. Siguiendo esa misma lógica, sin embargo, quien cuenta con la posibilidad de ganarse fama y prestigio, de ser líder en el barrio, es el propio narrador. ¿No fue él, acaso, quien salvó la honra de Villa Santa Rita, dañada por la cobardía de Rosendo, al dar muerte a Francisco Real? En efecto, sí: cuenta con esa posibilidad. Pero desiste. Desiste al hacer silencio, desiste al ocultar lo que ha hecho, desiste al escamotearse y disimular su condición. Nadie sabrá, en Villa Santa Rita, que el matador de Real ha sido él; no habrá de tener, por lo tanto, la gloria de la veneración barrial. Eso que calla, eso que omite, se lo dice sin embargo a otro: a ese que lo escucha y resulta que se llama Borges. Es decir que, si el narrador renuncia al reconocimiento que le cabe en el mundo popular, es porque prefiere traspasarlo al plano del mundo letrado. Lo que omite en el salón de Julia, luego va y se lo revela a Borges. No será un héroe en el barrio, será un héroe en la literatura. No será un héroe en las orillas, sino en su mitologización literaria.

Uno de los hombres de Francisco Real alcanza a sospechar de él: "El de bigote gris no me quitaba los ojos". No obstante, el secreto se preserva: nadie sabrá que fue él el matador ahí en Villa Santa Rita. Aunque hay dos que sí lo saben, y no porque él se lo haya dicho, sino porque vivieron los hechos: uno es el propio Francisco Real, que vuelve moribundo al salón de Julia; la otra es la Lujanera, que vuelve con él, llorosa. Ellos saben, claro que saben. Pero Francisco Real, herido de muerte, no está en condiciones de decir lo que pasó: "El hombre no estaba para esplicar". La Lujanera, en cambio, sí. Y como le exigen que explique lo ocurrido, acusándola incluso a ella misma (acusación de la que el narrador la defenderá), toma la palabra y cuenta: cuenta lo que pasó. Por ende, eso que el narrador decide omitir en "Hombre de la esquina rosada", dejándolo entrever, solamente entrever, en el final, sí es contado por la Lujanera, aunque encubriendo al autor del hecho: "Dijo que luego de salir con el Corralero, se jueron a un campito, y que en eso cae un desconocido y lo llama como desesperado a pelear y le infiere esa puñalada y que ella jura que no sabe quién es y que no es Rosendo. ¿Quién le iba a creer?".

La Lujanera jura: jura que no fue Rosendo. Eso es verdad. Pero designa como "un desconocido" a alguien que ella en realidad bien conoce. En eso miente. ¿Quién habrá de creer en este relato de mujer? (es el mismo dilema que Borges tramará años después en "Emma Zunz"). Esta historia es una historia de hombres. En el título está esa marca, como lo estaba, y en plural, en el título de su versión inicial: "Hombres pelearon". Valentía, cobardía, duelos, desafíos; son las virtudes de una consabida virilidad las que en todo esto se ponen a prueba, y de Real lo que se dice es que "lo arregló otro más hombre". Porque de manera más que evidente no es otra cosa lo que se juega; ser hombre o no ser hombre, ser más o menos hombre que otro. Las mujeres se diluyen en un colectivo de tenor peyorativo, "hembraje"; sus méritos parecen limitarse, en el tango, a saber seguir al hombre ("me tocó una compañera muy seguidora") y a acatar calladamente el predominio de los hombres de Real ("las mujeres que tangueaban con los del Norte, no decían esta boca es mía"). Esa misma condición general, hecha la salvedad de que quien maneja el lugar de diversión es una mujer, no hace más que resaltar las cualidades excepcionales de la Lujanera ("las sobraba lejos a todas"). ¿Y no es acaso la Lujanera la que tiene y ejerce el poder, determinante en este contexto, de sancionar cobardías (es la que dice de Rosendo Juárez que no es un hombre) y premiar valentías (se entrega a Francisco Real, como luego, aunque secretamente, se entregará al narrador)? ¿No es acaso la que le pone el cuchillo en la mano a Rosendo Juárez para que pelee, es decir, la que le exige que se comporte como un hombre, la que le exige que lo sea?

Muerto Real, la Lujanera es además la única que sabe qué fue lo que pasó, lo cual supone un poder también (para cuando el narrador se lo revele a un tal Borges, ella habrá muerto hace ya tiempo). Al desistir del reconocimiento popular en el barrio de Villa Santa Rita, prefiriendo el reconocimiento letrado que le va a asegurar ese Borges, el narrador en cierta forma renuncia también a la Lujanera. Porque ella podría haber sido su mujer largamente, como lo fue, hasta que se reveló cobarde, de Rosendo Juárez, y como iba a serlo en principio de Francisco Real, de quien se queja el narrador señalando que había logrado ganarse a una mujer para esa noche "y para muchas, pensé, y tal vez para todas, porque la Lujanera era cosa seria". Él, en cambio, no la tendrá más que una noche, que es noche que no se le olvidará, porque no podría mostrarse con ella sin delatarse en lo que hizo, sin evidenciar lo que fue: el matador de Francisco Real. Perder a la Lujanera, no tenerla más que una noche, es el precio que debe pagar para anular su reconocimiento popular y transferirlo al reconocimiento letrado. La Lujanera, poseedora de su secreto, debe quedar en secreto también. Y ser secreto de una sola noche.

En un tramo de *Borges a contraluz*, editado en 2009, Estela Canto ofrece algunas notas de lectura sobre

"Hombre de la esquina rosada". El libro como tal tiene por base la especialísima relación que ella mantuvo durante un largo tiempo con Borges, relación que él entendió como un noviazgo pero ella, como una amistad (cuando Mallea se dirige a Estela como la "novia de Borges", ella se sorprende, y comprende que semejante equívoco solo pudo provenir del propio Borges). Y es que hay algo que entre ellos dos no había, que no había y nunca hubo, ni para dar animación a una amistad ni para dar sentido a un amor, y eso son las relaciones sexuales. El libro de Estela Canto no brilla por su discreción: hubo quienes lo lamentaron y habrá quienes se lo agradezcan. El asunto es que, valiéndose de su trato frecuente, duradero, profundo, íntimo con Borges, Estela Canto se propone elaborar algunas consideraciones sobre su obra literaria, de cuya creación fue varias veces testigo y hasta en un caso, el de "El Aleph", fue motivo.

Tenemos entonces una lectura de mujer para este cuento que fue "Hombres pelearon" primero y "Hombre de la esquina rosada" después. Lo que hace llamativamente Estela Canto es invertir el tópico del coraje viril, leer a contrapelo el tópico de la valentía. Lo lee exactamente al revés: como una historia de cobardía. No se extiende demasiado en su enfoque, pero lo que propone es terminante: "Su afición a la trampa se comprueba en el admirado 'Hombre de la esquina rosada', escrito en primera persona en estilo entre gauchesco y arrabalero y cuyo argumento no es —como dice la gente que no lo ha leído y entendido— un 'duelo entre cuchilleros valientes'. Esta opinión, como todo lo que es erróneo, ha tenido mucha repercusión. Lo que se narra es un crimen solapado, casi dostoievskiano, cobarde". Y agrega más adelante: "Borges, impulsado por Carriego y las imágenes de compadres de sainete, no advirtió lo obvio: la cobardía del personaje tanguero. Y hasta tal punto el consenso popular no quiere ver la cobardía de este personaje enternecedor, que su cuento 'Hombre de la esquina rosada', relato de un crimen solapado, es por lo general citado como una historia de malevos recios, como si nadie lo hubiera leído".

Maliciosamente, Estela Canto remite a Borges a zonas que bien sabe que le disgustaban: el tango sentimental, Dostoievski. Según su lectura, esgrimida con audacia como refutación de todas las demás lecturas, no es la narración del crimen lo que se solapa, sino el crimen mismo (y además lo llama crimen, por fuera del prestigio del duelo). Lo que afirma no es que el narrador cuenta solapadamente lo que hizo (cuenta omitiendo, aludiendo), sino que mató solapadamente a Francisco Real. Para verificar esta versión de Estela Canto es preciso cotejarla, no con lo que cuenta el narrador, que de hecho no cuenta nada, sino con lo que cuenta la Lujanera: "Dijo que luego de salir con el Corralero, se jueron a un campito, y que en eso cae un desconocido y lo llama como desesperado a pelear y le infiere esa puñalada y que ella jura que no sabe quién es y que no es Rosendo. ¿Quién le iba a creer?". Estela Canto le cree. La Lujanera dice que el narrador a Real "lo llama desesperadamente a pelear", sí, pero ¿pelearon? ¿O directamente, con esa desesperación tan dostoievskiana, pasó a inferirle su puñalada, es decir, a matarlo así sin más? Hay dos eufemismos muy borgeanos a los que el narrador del cuento apela: uno es arreglar, por matar; el otro es emplear, por cojer. Del que mató a Francisco Real se dice que "lo arregló"; de Real y la Lujanera se dice que "ya se estarían empleando los dos". La Lujanera por su parte dice: "En eso". Estaban en eso. Es decir, estaban cojiendo. Cuando el narrador lo llama desesperadamente a pelear, Real estaba cojiendo, cojiendo con la Lujanera. ¿Qué hizo el narrador, entonces? ¿Lo esperó? ¿Lo esperó a que se incorporara, a que se acomodara la ropa o la falta de ropa, lo esperó a que se alistara, lo esperó a que se compusiera? ¿O más bien lo mató sin esperar, y por ende sin pelear, encajándole nomás su cuchillada, hasta podría deducirse que por la espalda (aunque él dice que la "herida juerte" la traía "en el pecho")? Y entonces, como dice Estela Canto, nada habrá de valentía en la historia, no hubo más que un crimen cobarde.

El narrador elide el acto sexual; lo elide el transcriptor, llamado Borges, y lo elide Jorge Luis Borges, autor del cuento, que inventa todo (al narrador, al transcriptor, la historia misma). Contado el episodio por la Lujanera, sin embargo, así sea en forma sucinta, y leído por Estela Canto, en un libro en el que la cuestión de la elisión sexual ocupa un lugar biográficamente relevante, el tenor de lo ocurrido se altera y el sentido del cuento entero se invierte: de una historia de valientes a la historia de un cobarde. En ese fuera de escena, lo excluido al interior del propio relato, se cifraba esa otra interpretación posible. Que contó, en principio, con una sola testigo: la Lujanera, y con una sola lectora: Estela Canto.

Mirar y ver, mirar sin ver

LA FIGURA DEL CIEGO que mira da una clave de lo que pueda llegar a ser la atracción de lo que no se ve: de lo que atrae aunque no se ve o de lo que atrae porque no se ve. Consta en "Hombre de la esquina rosada": "Todos los mirábamos a los dos, en un gran silencio. Hasta la jeta del mulato ciego que tocaba el violín, acataba ese rumbo". El cuento entero está construido sobre la base del juego de miradas y de lo que no se ve o no se deja ver; está el duelo fallido, el de Rosendo Juárez y Francisco Real, al que todo el mundo mira pero no llega a producirse; y está el duelo consumado, el del narrador con Francisco Real, que ocurre pero fuera de escena, que ocurre sin que nadie lo vea (tampoco, aunque mire, lo ve el lector: ese hecho se escamotea en la elipsis de un punto y aparte).

Lo que no se deja ver: Rosendo al escurrirse solo del barrio ("agarró el lado más oscuro, el del Maldonado; no lo volví a ver más"); Francisco Real al morir ("no iba a consentir que le curiosearan los visajes de la agonía"); el narrador al disimular lo que ha hecho ("yo me olvidé de que tenía que prudenciar y me les atravesé como luz […]. Sentí que muchos me miraban para no decir todos").

Primero el cobarde, después el valiente en desgracia y por fin el héroe secreto de la historia precisan no dejarse ver, incluso cuando se los mira. Rosendo, el hombre más valiente de Villa Santa Rita, una vez devenido cobarde, se pierde en lo oscuro, no se lo va a ver más; Francisco Real, su vencedor, no permite que le vean los gestos de la muerte en la cara; el narrador, héroe en sigilo, lo es sin dejar que nadie lo vea (nadie no: solamente la Lujanera. Y luego su interlocutor, llamado Borges, en la revelación oral del final del relato). La de mirar sin ver, sin embargo, es una fórmula que corresponde no solamente al mulato ciego del violín, sino también a Francisco Real: "Siempre como sin ver", se dice cuando entra en el salón de Julia, altanero, desafiante; "alto, sin ver", cuando regresa, herido, para morir. De manera que no ver asume dos sentidos opuestos en la simetría inversa de la composición del texto: expresa potencia en un caso, expresa impotencia en el otro. Real avanza sin ver, al llegar, por puro desprecio, por altivez; y avanza sin ver, al regresar, porque está muy mal, desfalleciente.

En la economía sígnica del mundo del coraje, mirar implica desafiar, afirmarse y provocar a la pelea: "Entonces lo miró [...]. No le quitó los ojos de encima": Real a Rosendo (con todos mirándolos, hasta el ciego). La renuencia cobarde de Rosendo se nota en el hecho de que no devuelve la mirada: "Seguía callado, sin alzarle los ojos" (el boxeo, últimamente, ha retomado esta convención: antes de pelear, e incluso para pelear, primero hay que clavarse las miradas, muy cerca las caras de uno y de otro). Francisco Real mira, no quita los ojos, y Rosendo Juárez no, no le alza los ojos. Mirar implica abstención cuando consiste en únicamente mirar; así, el "puro italianaje mirón" que se abre en abanico ante la llegada del forastero que provoca. Ahí mirar expresa inacción, y se distingue de ver, que en cambio impulsa a actuar: "Jue ver ese planazo y jue venírsele ya todos al humo". Los que no hacen nada se quedan mirando. Los que ven, en cambio, entran en acción. Pero Real los desprecia a todos por igual, porque es quien puede mirar sin ver y es quien puede luego no quitarle los ojos de encima a Rosendo, que es con quien sí está dispuesto a pelear. A quien nadie ve, en cualquier caso, es al narrador: es uno más "en el montón", se va "orillando la paré hasta salir", vuelve "haciéndome el chiquito". Hasta Real, que lo golpea con la puerta del salón al abrirla de una pechada, lo hace porque no lo ve, y luego lo deja "agachado detrás", es decir, donde ya no va a verlo. El narrador, a quien nadie ve, es el que mira: "Había de estrellas como para marearse mirándolas". Mira para tratar de no pensar: "Me quedé un espacio mirándolo, como para no pensar en más nada"; pero es mirar, precisamente, lo que lo lleva al pensamiento: "Me quedé mirando esas cosas de toda la vida [...] y pensé". A la dicotomía mirar/actuar, sigue la dicotomía mirar/pensar. Pero no es otro que el que puede mirar sin ver quien ha de tomar la iniciativa del desafío (Real frente a Rosendo), y no es otro que el que mira y piensa quien luego va a pasar a la acción (el narrador frente a Real), así sea una acción invisible. Nadie la ve: nadie en el salón de Julia, tampoco Borges al escuchar la historia, tampoco nosotros al leerla. Pero hay alguien que la sospecha; es ese "hombre apaisanado, curtido, de bigote entrecano", "el más viejo" de "la barra del Corralero". Ese hombre ve por demás, y por eso se encandila: "Se adelantó para quedarse como encandilado por tanto hembraje y tanta luz". Y ese hombre es el que ve, o entrevé, quién pudo ser el que mató a Real: "El de bigote gris no me quitaba los ojos". No quitar los ojos significa, claro, el sostener la mirada; pero también, en un segundo sentido, dejarle al otro la posibilidad de ver. De Real a Rosendo Juárez, no quitar los ojos suponía un desafío a pelear; del de bigote entrecano al narrador, supone sospecha, intuición, casi certeza. Están los que no ven, porque no miran o por más que miren ("sentí que muchos me miraban"); está el que entrevé ("el de bigote gris no me quitaba los ojos"); y está la que vio: la Lujanera. La Lujanera: "Había que verla en sus días, con esos ojos". "Había que verla": mirar es admirar. "Con esos ojos": había que verla en su propio mirar. Es con esos ojos, es desde su punto de vista, que en "Hombre de la esquina rosada" se ve la doble defección que dará espacio al narrador. La cobardía de Rosendo, primero, y la caída de Francisco Real, después. Rosendo no alza los ojos: "La Lujanera lo miró aborreciéndolo"; Real ante eso impera: "Entonces la Lujanera se le prendió y le echó los brazos al cuello y lo miró con esos ojos"; pero luego ha de sucumbir: "La Lujanera lo miraba como perdida". Los ojos de la Lujanera, que aborrecen a Rosendo Juárez cobarde y se pierden en Francisco Real perdido, son los que vieron al narrador matando, en su fuera de escena, al forastero de coraje insufrible. "Con esos ojos". En el final del texto, el juego de las miradas, sus posibilidades y sus imposibilidades, se despliega en total amplitud: está el narrador que no mira ("no sé si le arrancaron las vísceras, porque preferí no mirar"); está el que sospecha y entrevé ("el de bigote gris no me quitaba los ojos"); está la mirada demasiado pronta de la policía ("echaron su vistazo los de la ley"); está otra vez el que no puede ver aunque mire ("el ciego del violín"); está lo que no puede verse, porque apenas está clareando ("los alambrados finitos no se dejaban divisar tan temprano"). Para entonces, la presencia de la Lujanera es indicada por la luz encendida del rancho: al ver la luz, el narrador infiere que ella lo espera. Claro que esa luz "se apagó en seguida". Y es que, al igual que la escena en la que mató a Francisco Real, tampoco la escena en la que se acuesta con la Lujanera va a verse ni a narrarse. Sexo y violencia abundan en la literatura de Borges, pero potenciadas (no atemperadas) por un principio de discreción por demás extraordinario.

Inolvidable

"**H**AY AÑOS EN QUE ni pienso en ella": es la frase que Jorge Luis Borges le concede al narrador de "Hombre de la esquina rosada" para que hable de la Lujanera, la mujer que en Villa Santa Rita "las sobraba lejos a todas". Lo notable es que la frase lo que propone es una negación, lo que declara es un no pensar, un largo ni pensar en ella. Y es la forma que encuentra Borges de expresar que la Lujanera como mujer es inolvidable.

Faltan años para que el propio Borges invente una memoria absoluta, implacable, agobiante, muy terrible: la de "Funes el memorioso", memoria de impedimento. O para establecer, en "La memoria de Shakespeare", que quien tenga la memoria de otro tendrá su pasado, tendrá sus vivencias, será ese otro. O para advertir en el final de "El Aleph", con un alivio apenas relativo, "felizmente, al cabo de unas noches de insomnio, me trabajó otra vez el olvido".

Lo que expresa en aquel cuento primero, a propósito de la Lujanera, contiene esa iluminación: la de las formas de la memoria y el tenor de lo inolvidable. Porque en una formulación más convencional, lo que se diría es "no puedo olvidarla" o "solo pienso en ti" (como cantaron con acierto Leonardo Favio o Víctor Manuel), o "si supieras que nunca te he olvidado" (como cantó Carlos Gardel). Borges elige, por su parte, la negativa: lo que declara el narrador del cuento es que hay años en que ni piensa en ella. Y lo que de esa declaración se desprende, sin que él precise decirlo, es que al cabo de esos años, de esos años sin pensar en ella, lo que ocurre es que vuelve a pensar en ella: descubre que no la olvidó.

La hipérbole de un pensar constante, de un no poder parar de pensar, de pensar cada instante y todo el tiempo, puede servir para expresar esa condición que, en el amor o el enamoramiento, dice su verdad esencial tan solo exagerando. Pero lo cierto es que un estado así, en caso de ser posible, parece remitir mucho más a las fijezas febriles de las meras obsesiones que a las modulaciones propias de la memoria, de sus recuerdos.

Esta memoria precisa olvido, está hecha sustancialmente de olvido. Y este olvido no es su antítesis, como puede serlo algún otro, sino su indispensable motor, aquello que la hace posible. Es el olvido que cada memoria aloja y permite que brote un recuerdo. Lo que, en el comienzo de "El Sur", dice Borges sobre la identidad y el criollismo ("algo voluntario, pero nunca ostentoso") cabe decirse del recordar: es algo que se puede premeditar y disponer, decidirse y afrontar; pero no es algo que necesite el énfasis de las declaraciones ampulosas, los mandatos, la indicación.

Dejar de pensar, ahí donde un olvido trabaja, para poder así pensar, en el sentido de que al pensar se recuerda. Lo inolvidable no es entonces lo que persiste, lo inamovible, lo inexorable, lo que permanece, sino lo que llega a perderse y a no estar, a no estar llegado el caso durante años, y al cabo de esos años vuelve, pero vuelve habiendo estado en verdad ahí a lo largo de todo ese tiempo.

En las fronteras de Borges

"Si vamos a tener un gran país, tenemos que tener una frontera fuerte".

Donald Trump

1

QUEDARÁN PARA DESPUÉS, LLEGADO el caso, esas otras fronteras: las porosas, las que comunican más que lo que separan, las que traspasan más que lo que escinden, las que se dejan atravesar, permeables, admitiendo, o promoviendo, los cruces, las intersecciones, la feliz combinatoria de lo multicultural, de lo intercultural. Quedarán para después, llegado el caso, si es que ese después existe y no se trata de una ficción teórica, esas fronteras del trasvasamiento y de la integración gentil. La literatura argentina se funda, en el siglo XIX, con escenas de frontera, y esas fronteras no van a expresar otra cosa que violencia: cuestiones de vida o muerte, la expulsión como castigo, el flagelo de lo otro (esas veces en que la otredad es flagelo y no convite, brusquedad y no cobijo).

Facundo, de Domingo F. Sarmiento, de 1845, texto fundacional y clásico medular de la literatura argentina, comienza con una muy comentada escena de cruce de frontera, con Sarmiento atravesando la cordillera de los Andes en camino a su destierro a Chile, con la inscripción en la piedra (es decir, en la cordillera misma, esto es: en la propia frontera) de una frase en una lengua ajena ("las ideas no se matan", en francés: *"On ne tue point les ideés"*), frase que llegaría a convertirse en todo un lema para la argentinidad.

Esa misma frontera, la de la cordillera de los Andes, se constituyó en un verdadero emblema para la consagración del máximo héroe nacional de los argentinos, su Padre de la Patria, José de San Martín, quien la cruzó con sus tropas a comienzos de 1817 para llevar a Chile la guerra de independencia contra España. San Martín, prócer mayúsculo, se erige como tal en gran medida en la hazaña de trasponer (con los notables precedentes de Aníbal el Cartaginés y de Napoleón Bonaparte) una frontera; ese otro prócer venerado, Sarmiento, la cruzaría unos veinte años después. Hay violencia en el primer cruce, porque se trata de una acción de guerra; hay violencia en el segundo, porque se trata de un exilio forzoso. San Martín, héroe bélico, la cruza con un ejército; Domingo Sarmiento, héroe cívico (otro Padre: Padre del Aula), la cruza escribiendo una verdad. Esa frontera une, en términos de fraternidad, la fraternidad latinoamericana; por eso San Martín les lleva la libertad a los hermanos chilenos hasta la proclamación de su independencia, por eso Chile da asilo a Sarmiento el perseguido, a Sarmiento el expatriado. Pero esa frontera también separa, separa la libertad ya conquistada (en Argentina) de la colonia que perdura (en Chile), separa la libertad republicana (imperante en Chile) de la tiranía y la represión (imperante en la Argentina de Rosas). De ahí en más, se sucederán a lo largo de los años diversos "diferendos limítrofes" (la expresión es interesante: revela a la frontera como productora de diferendos, de diferencias), que a comienzos de 1978 a punto estuvieron de llevar a la guerra a la Argentina del dictador Videla con el Chile del dictador Pinochet.

Esta frontera, claro, es (o será) frontera nacional, escindirá patrias y pertenencias y ciudadanías, con la expresividad impar de la geografía más imponente. Pero los textos fundacionales de la literatura argentina registran también, entre sus escenas de frontera, otra clase de delimitación: la de las fronteras internas. Es el caso de "El matadero", primer cuento de las letras nacionales, escrito por Esteban Echeverría hacia 1840 y publicado, póstumamente, en 1871 (Echeverría: otro exiliado del rosismo. Aunque su destierro no fue a Chile, cruzando las montañas, sino al Uruguay, cruzando el Río de la Plata). Cuando la violencia es interna, cuando detona y circula al interior de una misma ciudad, por ejemplo, entonces las fronteras que escinden los espacios propios y los espacios ajenos, los de la seguridad y los del peligro, los de la vida y los de la muerte, se resuelven en lo tácito, en lo implícito, en líneas divisorias insinuadas pero efectivas, que hay que aprender a detectar. Es esa la historia que cuenta ese otro clásico de la literatura argentina que es "El matadero": la historia del infeliz que anda distraídamente por Buenos Aires y se mete, sin darse cuenta, sin advertir que está atravesando una frontera, en un territorio enemigo, el de los rosistas. Del otro lado de esa frontera que, aunque tácita, él mismo no debió omitir, no encontrará otra cosa que violencia y muerte.

El siglo XIX le ha deparado, por fin, otro gran clásico a la literatura argentina, que es el poema gauchesco por excelencia: *Martín Fierro*, de José Hernández. Su primera parte, hoy denominada "La ida", se publicó en 1872, y se cierra en el momento en que Martín Fierro y Cruz parten en la llanura hacia las tierras de indios; la segunda parte, "La vuelta", apareció siete años después, y comienza con el regreso de Fierro. Es decir que "La ida" es ida a los indios y "La vuelta" es vuelta de los indios, por lo que hay un cruce de frontera definiendo decisivamente el poema. Y esa frontera es la que, de hecho, está separando también las dos partes de la obra, la de 1872 y la de 1879. Entre una parte y la otra, lo que queda es ese otro lado: el de la barbarie, el del fuera de la ley, el del mundo exterior al Estado. Esta frontera no es frontera interna, como la que divide dominios y pertenencias al interior de la ciudad en "El matadero"; pero tampoco es una frontera nacional, separadora de Estados, como las que se cruzan en los exilios, las que deciden los destierros. Esta frontera existe porque el Estado argentino no logra todavía afianzarse, organizarse, consolidarse; existe porque no logra todavía ocupar y controlar la totalidad de lo que será su territorio. La vasta Patagonia es, todavía, tierra de indios (se la denomina así, o se la denomina "desierto": palabra que prefigura lo que en 1879 se hará: invadirla para dejarla sin habitantes, mediante una campaña militar de exterminio).

La frontera con los indios es por ende provisoria (está destinada a desvanecerse, apenas el Estado argentino impere) y al mismo tiempo es rotunda, la más drástica posible. Porque ese otro que habita del otro lado es el más radical, el más vehemente, el otro absoluto. Es un otro al que no se podrá asimilar, al que no se habrá de integrar a un "nosotros"; otro con el que no se podrá coexistir ni establecer fraternidad alguna; otro que no habrá de conformar tampoco un Estado nación equivalente, por lo cual no habrá nunca la más mínima posibilidad de establecer una frontera en el sentido moderno del término (delimitación convencional de Estados y soberanías).

Esta frontera, por lo tanto, la que se sobreentiende como tal en el siglo XIX argentino, aquella en la que se piensa cuando se dice, así sin más, "frontera", es cambiante, irregular, sigue el trazo de la guerra. De un lado, las tolderías de los indios; del otro, los fortines militares. Alguna vez, en uno de esos tantos episodios en los que la historia argentina cobró la forma de una ficción alucinada, se cavó en la pampa una zanja de kilómetros y kilómetros de extensión, para asentar la división de espacios, para impedir o dificultar las invasiones de indios. En vez de levantar muros, como se hace ahora, con fronteras por elevación, lo que se hizo fue hundir la tierra: ir hacia abajo. Cavar una fosa, en sentido literal; aunque "cavar la fosa" alude al mismo tiempo al entierro y a las tumbas. El proyecto fracasó. En algunos tramos de la llanura en la provincia de Buenos Aires todavía puede verse, a manera de cicatriz, lo que fue aquella zanja-frontera.

Una frontera de esta índole se cruza la mayor parte de las veces para la violencia; el hecho mismo de atravesarla puede ser un acto de violencia en sí mismo. Por parte del ejército, avanzadas e incursiones, empujar cada vez más a la barbarie (¿hacia dónde? Hacia la muerte. Porque este espacio no tiene afuera). Por parte de los indios, los tan temidos malones: cruentas ráfagas de saqueos, de secuestros, de matanzas. Lo incierto de las fronteras, su eventual labilidad, no es más que un motivo de terror. La paradoja de este "desierto": es desierto, pero tiene habitantes. Cuando irrumpen, cuando penetran, impera la consternación.

No fue, esta vez, una frontera la que, ya existiendo, provocó una guerra, sino una guerra (el ritmo irregular del intercambio de agresiones, el vaivén indefinido de avances y retrocesos) lo que iba trazando una frontera. De eso queda hoy una marca nominal, en la cual la frontera se infiere: ciudades que surgieron del emplazamiento de fortines militares (y llevan nombres tales como Junín, Azul, General Villegas, Coronel Pringles, General Viamonte), y ciudades cuyos nombres alojan lo que alguna vez fue el poblamiento indígena (Carhué, Epecuén, Pigüé, Trenque Lauquen). (Eva Perón, que había nacido en Los Toldos, hizo falsear la documentación pertinente para darse como nacida en Junín: ese reemplazo espurio de un pueblo menor por una ciudad mayor cobra además un sentido ideológico definido: relegar Los Toldos, las tolderías de los indios, por Junín, espacio militar).

2

Es extraño que a Jorge Luis Borges, tan extraordinariamente lúcido para la comprensión de lo que son las identidades nacionales, se lo haya vapuleado tanto, y tan largamente, acusándolo de extranjerizante, europeísta, cipayo, vendepatria, anglófilo, etc. O en verdad, no: puede que esa tan notoria lucidez, que va de un ensayo como "El escritor argentino y la tradición" (1932) hasta las ácidas ironías pronunciadas durante la guerra de Malvinas (1982), se deba precisamente a eso: a que el nacionalismo es una fe que nunca profesó, y el patriotismo, una pasión de la que mayormente se sustrajo, y que fuera esa postura la que habilitó, a un mismo tiempo, la nitidez conceptual de Borges y la inquina de los nacionalistas contra él. Porque Borges interrogó en su literatura buena parte de esos dispositivos ideológicos que produjeron una argentinidad, con lo que no hizo otra cosa, ni podía hacer otra cosa, que perturbar e irritar a aquellos para quienes la argentinidad no es producto de dispositivos ideológicos, sino una entidad trascendente y existente de por sí, y no debería, por ende, ser interrogada en tales términos, sino en los de la metafísica: la pregunta por el ser, bajo el credo del Ser Nacional.

A través de varias de las narraciones de Borges se va tramando, entonces, todo un saber de las fronteras, articulado en al menos esos tres niveles: el de las fronteras estatales, que separan una nación de otra; el de las fronteras interiores al Estado, las subestatales, que escinden otros territorios y otras identidades; el de las fronteras de la guerra, las protoestatales, las que van precisando afirmarse para que el propio Estado pueda afirmarse a su vez. Las más difusas, las más ambiguas, las más empíricamente tenues, son en los textos de Borges las fronteras nacionales. Son las más fáciles de traspasar, las más proclives a las mixturas. Precisamente ahí, donde las identidades nacionales pretenden afirmar cortes tajantes, Borges prefiere difuminar y entreverar. Puede pensarse, por caso, en el Inglés de "La forma de la espada" y las mezclas (inglés, español, portugués) de su lengua: "Su español era rudimental, abrasilerado" (119), ligada a lo fronterizo: "El Inglés venía de la frontera, de Río Grande del Sur" (119) y al contexto relativamente fronterizo en el que se recoge la historia: Tacuarembó, Uruguay. Historia de traspasos: el Inglés, traspasado a América, no es inglés, sino irlandés; la historia que refiere, "alternando el inglés con el español, y aun con el portugués" (120), es la historia de una traición, y por lo tanto de un doblez; pero además está contada en tercera persona, y no en la primera que correspondería y que en la tercera se oculta, de manera que ese doblez se inscribe no solamente en lo narrado, sino también en la narración. La frontera de "La forma de la espada" se traspasa para el delito ("no faltó quien dijera que en el Brasil había sido contrabandista" [119]), es decir, en la falla de la presencia controladora del Estado.

No es distinto el ámbito en "El muerto": "Los desiertos ecuestres de la frontera del Brasil" (27), y antes, otra vez, Tacuarembó; ni son distintas la motivación y la forma de su traspaso: es la historia de un "capitán de contrabandistas" (27). El contrabando, en clave de delito, indica la debilidad de la ley de las fronteras (y de la frontera como ley) que precisan erigir los Estados; bajo el signo de la violencia (porque nada de esto es sin violencia), los héroes-traidores de "La forma de la espada" y de "El muerto" se mueven entre la Argentina, el Uruguay y el sur de Brasil. Para Borges, esa es zona de impregnaciones integradas; ya se trate del tango, que une Buenos Aires y Montevideo, o del lazo que va de los gauchos rioplatenses a los gaúchos de Rio Grande do Sul: el mapa cultural difiere y, por lo tanto, desacomoda el mapa político de los Estados.

Es muy distinto, claro, el traspaso que promueve el propio Estado, con un carácter de ley: ley de inmigración, ley de atracción e incorporación de extranjeros que al integrarse, sin embargo, dejarán de serlo. Borges lo expresa a la perfección en la página inicial de "El Sur": Johannes Dahlmann desembarca en Buenos Aires en 1871; "en 1939, uno de sus nietos, Juan Dahlmann, era secretario de una biblioteca municipal de la calle Córdoba y se sentía hondamente argentino" (177). ¿Qué otra cosa es ser argentino, sino sentirse hondamente argentino? ¿Y de qué forma se forja un sentimiento, sino por medio de "la dicha y el coraje de ciertas músicas, el hábito de estrofas del Martín Fierro, los años, el desgano y la soledad" (177)? Son dos fronteras las que se traspasan: la de la nación, con la llegada del inmigrante; la de la identidad, con la incorporación a lo nacional, con la asimilación de Juan Dahlmann de lo argentino y en lo argentino. El primer traspaso lo activa el Estado por medio del aparato legal; el segundo, por medio de un aparato cultural (hábitos: cultura más tiempo). Las fronteras abiertas en el primer traspaso, para incorporar al otro, se restablecen en el segundo traspaso, cuando el otro deja de ser otro, cuando se integra a la mismidad del nosotros de la argentinidad. Por eso, setenta años después de que Johannes Dahlmann viaja y desembarca en Buenos Aires, Juan, su nieto, efectúa otro viaje, dentro del país: un viaje al pasado, un viaje a la tradición, donde podrá tener la muerte heroica de su abuelo criollo, Francisco Flores. Una muerte de frontera, muerte de otra frontera: "Su abuelo materno había sido aquel Francisco Flores, del 2 de infantería de línea, que murió en la frontera de Buenos Aires, lanceado por indios de Catriel" (177).

Hay pues una frontera-válvula, que abre y cierra, absorbe y transforma, traduce lo otro (Johannes) a lo propio (Juan); y una frontera de guerra y de muerte, cruzada para la agresión (porque cruzar es la agresión), respecto de un otro intraducible al que no se podrá sino eliminar. Suprimiendo a ese otro, a esos otros, la frontera misma, como tal, desaparecerá. Hasta tanto eso suceda, sin embargo, hasta tanto la así llamada civilización lleve a cabo su campaña final de exterminio, ese territorio, el de la frontera, planteará alternativas diversas. Borges las retoma y las reelabora. Entre los relatos que al respecto el siglo XIX proporciona (desde la *Guerra al malón* del Comandante Prado hasta *Una excursión a los indios ranqueles* de Lucio V. Mansilla: desde la pura hostilidad hasta una sintonía posible), Borges va a preferir el texto canónico, el clásico de la gauchesca; Borges va a reescribir dos episodios del *Martín Fierro* (pues en eso consiste, entre otras cosas, la clasicidad de los clásicos: en la posibilidad indefinida de reescribirlos; aunque luego María Kodama, su viuda, perseguía judicialmente a quienes reescribieran a Borges); uno de ellos, la escena en la que el sargento Cruz (a quien Borges le inventa toda una vida: "Biografía de Tadeo Isidoro Cruz") se pasa del lado de Martín Fierro, para luego pasar los dos (aunque Borges eso no lo narra: concluye su cuento justo antes) a vivir entre los indios.

La frontera con los indios es narrada por Borges mediante las decisivas figuras de los cautivos. Está el traspaso voluntario, el de los desertores: Fierro y Cruz, para el caso. Pero está el traspaso forzoso, el de aquellos a quienes los indios capturan durante los malones y se llevan del otro lado. Porque los indios, en sus invasiones, arrasan y se llevan no solamente ganado y otras cosas de valor, sino también personas. Cautivos y cautivas: personas traspasadas que se vuelven, con el tiempo, personas de traspaso. La frontera los atraviesa. Primero, por pura violencia, debieron atravesar la frontera; pero luego, con el tiempo, la frontera los atraviesa a ellos mismos. En "El cautivo" y en "Historia del guerrero y la cautiva", Borges expone y examina esas figuras que portan en sí los signos de un conflicto que no puede resolverse. No es el otro que se integra a un nosotros, como Dahlmann. Tampoco uno que en el otro se reconoce, que con el otro se identifica, como Cruz con Fierro. Los cruza la frontera que cruzaron. Y no en los términos positivos de una armonía posible, al modo de la transculturación o el de la multiculturalidad o el de un plural que todo lo integra. Los habita la violencia que los constituye en su feroz identidad: la de cautivos.

Son dos las historias de "Historia del guerrero y de la cautiva": una transcurre en Ravena, en la antigüedad; la otra, a fines del siglo xix, en la frontera de la Pampa: "En 1872 mi abuelo Borges era jefe de las fronteras Norte y Oeste de Buenos Aires y Sur de Santa Fe. La comandancia estaba en Junín" (50). Con ese abuelo hay una abuela, una abuela inglesa: "Mi abuela comentó su destino de inglesa desterrada a ese fin del mundo" (50). Dos abuelos, dos fronteras: el abuelo Borges custodia la frontera con los indios, la de Fierro y Cruz; la abuela inglesa cruzó la frontera de la inmigración, la de Dahlmann (inmigración germánica, inmigración inglesa, bien valoradas: la que Borges desprecia es la italiana). Entre estas dos figuras, hay una tercera que emerge de "Tierra Adentro", tierra de indios: una cautiva inglesa. Está entonces la inglesa sin tierra, la desterrada, y la inglesa enterrada, la de Tierra Adentro. La cautiva es "una muchacha india", pero también es "otra inglesa" (50). Su cara y sus ojos contrastan: "En la cobriza cara, pintarrajeada de colores, los ojos eran de ese azul desganado que los ingleses llaman gris" (50). El cuerpo contrasta con las manos: "El cuerpo era ligero, como de cierva; las manos, fuertes y huesudas" (50). Y en cuanto al pelo: "Sus crenchas eran rubias" (50), pone en contraste la palabra "crenchas", pelo salvaje, con el rubio de su inglesidad. La frontera se inscribe en su cuerpo: cara cobriza/ojos azules; cuerpo ligero/manos fuertes;

crenchas/ rubias. Es india y es inglesa a la vez. Habla lengua de entrevero: "Eso lo fue diciendo en un inglés rústico, entreverado de araucano o de pampa" (51).

La cautiva se define, no en la figura verbal del *port-manteau*, suma e integración, sino en la del oxímoron: contradicción y chirrido. Es una india-inglesa. El cautivo, personaje del breve texto homónimo, se compone de manera semejante: es "un indio de ojos celestes" (18). Era un niño cuando los indios lo robaron, por eso su lengua de origen está perdida: "Ya no sabía oír las palabras de la lengua natal" (18); perdidos parecen estar también sus parámetros culturales: "Miró la puerta, como sin entenderla" (18). Su cuerpo bárbaro ya no encaja en los espacios de la civilización ("el indio no podía vivir entre paredes" [18]), así como no encaja tampoco el de la cautiva ("todo parecía quedarle chico: las puertas, las paredes, los muebles" [50]). Historias de frontera, figuras de frontera, que Borges aborda mediante el cruce de fronteras como procedimiento de narración: la historia de la cautiva se cruza con la del guerrero lombardo, remotísima, y el punto de vista adoptado es el de la abuela inglesa en el destierro; la historia del cautivo la presenta Borges así: "En Junín o en Tapalquén refieren la historia" (18), es decir, de un lado o del otro, de un lado (Junín) o el otro (Tapalquén) de la frontera entre las posiciones del ejército o la tierra de indios.

La frontera se cruza con violencia y en conflicto. Y eso perdura, con ese mismo tenor, en la cautiva y en el cautivo, incluso en sus propios cuerpos. Entran en conflicto, están en conflicto consigo mismos. El cautivo: los padres quieren recuperar al hijo, creen que lo han recuperado: ya está de este lado, ya lo han traído de vuelta. Pero "el hombre, trabajado por el desierto y por la vida bárbara"

(18), elige volver al desierto (Borges entonces lo llama "el indio", no "el cautivo"). A la inglesa intenta recuperarla la otra inglesa, la abuela inglesa: "Movida por la lástima y el escándalo, mi abuela la exhortó a no volver" (51). Pero no hay caso: también la cautiva, como antes el cautivo, elige el desierto. Regresan al otro lado, porque ya son del otro lado, pero menos por integración que por desintegración. La violencia que alguna vez arrancó sus cuerpos se aloja ahora en sus cuerpos; el cruce contra la voluntad se hace ahora por voluntad. Al igual que para Fierro y para Cruz, la voluntad es un espacio de guerra.

3

El primer cuento publicado por Borges, "Hombre de la esquina rosada", transcurre en una zona bien delimitada de la ciudad de Buenos Aires, esto es, en sus orillas. Las fronteras, ya que las hay también, no son solo las que señalan dónde y cómo la ciudad termina, sino las que la dividen por dentro. Otra clase de división: la de los barrios. No la de los países, que son orgánicas; tampoco las de civilización y barbarie, que son determinantes. La ciudad se divide en barrios. Los barrios fundan pertenencias. Invadir el barrio de otro, transponer esa frontera, supone, de por sí, un desafío, un convite a la violencia: "La historia de esa noche rarísima empezó por un placero insolente de ruedas coloradas" (96). Insolencia: la del carro cargado de hombres que se mete en un barrio ajeno. Así empieza la violencia. Después solamente queda desenvainar el cuchillo y pelear.

Esta violencia no es de Estado (no mueve tropas), ni es antiestatal (no es la de los indios): es violencia popular, ese otro que está adentro. Esta violencia, violencia de otros, se intercambia entre los mismos, va de lo popular a lo popular. Porque ese igual de lo popular es un otro en la identidad de barrio: una calle, un arroyo, un espacio libre funcionan como verdaderas fronteras. Estas identidades son las que menos se difuminan: aquí no caben cautivos ni abrasilerados. Estas alteridades, forjadas en la más plena homogeneidad, son las más perseverantes. La frontera entre "los norteros" y "los nuestros" no sabemos dónde queda exactamente: "Hombre de la esquina rosada" no lo especifica. Y, sin embargo, no se puede no saber cuándo se está ya del otro lado, cuándo hay otros que se han metido ya adentro.

Borges exhibe así, tal vez para desconcierto de muchos, un saber de lo popular verdaderamente notable. Es un saber sobre la pertenencia barrial, que hasta hoy perdura y se ejerce por ejemplo en el fútbol argentino. Otras formas de pertenencia, otros grados de identidad, se alteran, se resquebrajan, entran en crisis, pueden zozobrar: pertenencias culturales, pertenencias nacionales. A medida que los territorios se acotan, las identidades se vuelven más firmes: más firmes en la ciudad que en el país o que en la pampa, que en la civilización o que en Occidente. Y más firmes en los barrios que en la ciudad, que en la propia ciudad.

A diferencia de otros territorios, más abarcativos, el de los barrios corresponde a eso que Michel de Certeau definió como "espacios practicados". Es la escala en la que transcurren las vidas cotidianas, es la escala de los recorridos efectivamente realizados, de las experiencias concretas vividas en el día a día. Sus fronteras no están custodiadas, no es preciso tramitar permisos para cruzarlas, no separan nada empíricamente distinto, no escinden lenguas ni leyes o falta de leyes. Y sin embargo, según lo plasman los relatos de Borges, no hay fronteras más categóricas ni más importantes que esas.

REFERENCIAS BIBLIOGRÁFICAS

Borges, Jorge Luis, "Hombre de la esquina rosada", en *Historia universal de la infamia*, Buenos Aires, Emecé, 1981.

_____ "La forma de la espada", "Tema del traidor y del héroe", "El Sur", en *Ficciones*, Buenos Aires, Emecé, 1983.

_____ "El muerto", "Historia del guerrero y la cautiva", "Biografía de Tadeo Isidoro Cruz (1829-1874)", en *El Aleph*, Buenos Aires, Emecé,1984.

_____ "Martín Fierro" y "El cautivo", en *El hacedor*, Buenos Aires, Emecé, 1982.

Sur, el sur

"Todo ello deja su sabor amargo en el alma".

JORGE LUIS BORGES, "Sur", en
Fervor de Buenos Aires, 1923.

EL GATO DEL CUENTO "El Sur" figura una trascendencia: la de la eternidad del instante (y anticipa
la trascendencia que vendrá después, la del viejo gaucho en el almacén de campo). Incluso cuando Juan
Dahlmann lo toca, lo acaricia y le alisa el pelaje, sigue
siempre en un más allá, siempre en una dimensión distinta. Ese más allá lo ubica Borges en un simple café de
la calle Brasil, en el barrio de Constitución, en el sur de
la ciudad de Buenos Aires. En un recodo prosaico de una
ciudad igualmente prosaica, está ese fuera del tiempo, el
del animal (¿y qué otra cosa, sino la necesidad de hacer
tiempo, llevó a Dahlmann hasta ese café, a la espera de que
se hiciera la hora de salida de su tren?).

Fue también en Constitución, y también en un contexto de urbanidad prosaica, donde Borges había situado
otra variante de trascendencia: la del aleph en el cuento "El Aleph". Esta vez en una casa, esta vez en la calle

Garay, pero de nuevo en ese mismo barrio, de nuevo en el sur. Visión de trascendencia (la de un narrador omnisciente, vale decir, la de Dios), que consigue concentrar en un solo punto toda la vastedad del universo, que consigue reunir todos los tiempos en un solo instante sin tiempo (es decir, sin transcurso, sin duración, sin sucesión). En el aleph se cifra entonces nuevamente un más allá. Y Borges lo inscribe nuevamente en el sur.

Homero Manzi por su parte no escribe "El Sur", sino "Sur" (más cerca en esto de Victoria Ocampo o del poema que Borges incluye en su primer libro, *Fervor de Buenos Aires*). Ese tango lo estrenó Aníbal Troilo, que es quien compuso la música, en abril de 1948, tres años después del sur de "El Aleph", cinco años antes del sur de "El Sur". Pero el sur de Homero Manzi no es Constitución, sino Pompeya, y más concretamente la esquina de San Juan y Boedo. Claro que esa esquina no queda en Pompeya, desde esa esquina Pompeya se ve. Ya en eso, mirada en lontananza, se insinúa un más allá; un más allá que a continuación se amplía: "Pompeya y más allá la inundación".

El Borges de las orillas solía imprimir en lo urbano una impregnación neta del campo (los yuyos y el mucho cielo y el caballo dormido de "Hombre de la esquina rosada", por ejemplo); pero no es lo que hace en "El Sur" (el campo vendrá después, viaje mediante), ni mucho menos lo que hace en "El Aleph". Aquí prefiere revelar un café, el ajetreo de las calles, las escaleras del subterráneo, las carteleras de fierro de una publicidad de cigarrillos, materiales propios para una estética más bien realista que él admite por excepción en su literatura por lo demás tan antirrealista. Y a cambio es Homero Manzi el que, en una letra de tango, la música emblemática de la ciudad, pinta el barrio como naturaleza agreste: barro y pampa, el zanjón, un perfume de yuyos y de alfalfa, el mucho cielo de "todo el cielo" (¿y no es acaso un trasvasamiento de esa misma índole lo que llevó a pensar que podía corresponder a una calle del barrio de La Boca, en el sur de la ciudad una vez más, ese "Caminito" que describió Juan de Dios Filiberto: "Bordeado de trébol y juncos en flor" y "cubierto de cardos"?).

En el más allá del sur de Borges había trascendencia, hasta cierta metafísica, había eternidad; en el más allá del sur de Manzi hay otra cosa: la inundación. Es decir, algo que, estando más allá, se viene; o que, precisamente porque se viene, se pone a raya en un más allá. Avance de un elemento de la naturaleza, el agua, sobre el espacio de la ciudad. Una ciudad conquistada o reconquistada por las fuerzas de la naturaleza, que es lo que percibió Ezequiel Martínez Estrada en *Radiografía de la pampa* en 1933 (volverá a eso Pedro Mairal, en 2005, con *El año del desierto*), pero también con el cuento "La inundación", que es de 1943.

Borges en el campo, más que un lugar, detecta un tiempo; lo que ve, antes que la naturaleza, es un pasado, es la tradición. El borde que delimita hacia el norte, hecho de agua, definiendo orillas, es el arroyo Maldonado, y sabidamente Borges lo mitifica; el borde de agua que delimita la ciudad hacia el sur, que es el Riachuelo, en Borges no se ve (no se designa, queda omitido; la misma invisibilización que perdura en el presente cuando se dice por caso que "el país no se termina en la General Paz", como si fuese solamente la avenida General Paz, y no también el Riachuelo, lo que delimita la ciudad de Buenos Aires). Homero Manzi, desde Boedo, mira hacia

Pompeya (Nueva Pompeya, ya que la antigua, como es sabido, sucumbió invadida, no por el agua, sino por el fuego); el más allá de la inundación podría ser lo que mantiene al prudente observador a distancia (nadie va hacia la inundación, cuando la inundación se viene).

Juan Dahlmann viaja (si es que viaja) al sur (al sur dentro de Buenos Aires, primero; al sur saliendo de Buenos Aires, después), partiendo de Barrio Norte (del sanatorio de la calle Ecuador; como cruzando el ecuador, precisamente). Homero Manzi, que escribió la letra acaso más conocida sobre el sur de Buenos Aires, llegó a la ciudad desde el norte, desde Añatuya, Santiago del Estero, donde nació (Martínez Estrada también bajó, bajó desde Santa Fe, y terminó viviendo en el sur, más al sur, radicado en Bahía Blanca).

Más allá de sus diferencias, hay un punto compartido que conecta el sur de "El Aleph" con el sur de "Sur", y es el tópico de la mujer perdida. No es a ver el universo a lo que va ese personaje llamado Borges a la casa de la calle Garay; es a ver en todo caso los retratos de Beatriz Viterbo (a verlos y a hablarles, a decirles su devoción), lo que quiere es perpetuar el ritual de las visitas; que, aunque todo cambie y ella no esté, eso no cambie. Ya había advertido Walter Benjamin, apenas unos años antes, que, aunque las tecnologías de la reproducción en la fotografía tienden de por sí a la supresión del aura, hay un resto de lo aurático que en los retratos fotográficos perdura. A ese resto de un aquí y ahora, a vivenciar ese resto de algo (de alguien) perdido, acude ese personaje llamado Borges a la casa de Constitución, a ese sur al que iría Dahlmann para iniciar su viaje al sur. E incluso cuando pasa de una dimensión a otra, de las fotos de Beatriz Viterbo a ese prodigio de *cinemascope* pero sincrónico de todo el universo y aun de su eternidad proyectados para él en la inquietante soledad de un sótano, hay algo que en ese todo resaltará: las cartas íntimas que intercambiaron Beatriz Viterbo y su primo Daneri, como si el bueno de Carlos Argentino Daneri no le hubiese dado a ver ese *todo*, sino para que él tuviese que ver también *eso*. Y es que esa "Beatriz perdida para siempre", la de la muerte, es también una Beatriz perdida desde siempre, en el desamor (en el amor no correspondido).

El amor que evoca Manzi, en cambio, se pierde porque el tiempo pasa y al pasar todo se pierde. Es lo que va del "todo el cielo" de la primera estrofa al "cielo perdido" de la segunda. El todo no es ahora el de una muerte vista en el todo, sino un "todo ha muerto" (y el "ya lo sé"). Y es que lo perdido en este caso no es del orden del *para siempre*, sino del orden del ya nunca: "Ya nunca me verás, como me vieras / recostado en la vidriera y esperandoté". El ya nunca es el de los veinte años y la escena de amor de entonces: "Tus veinte años temblando de cariño / bajo el beso que entonces te robé" (porque no solamente se puede temblar de frío o temblar de miedo, sino también de amor; porque no siempre los besos llegaban tras un acuerdo protocolar de tenor casi jurídico de avisos previos contenedores, brotaban tanto mejor de los impulsos no sabidos o las derivas imprevisibles del deseo).

En "El Aleph" la ciudad cambia y no dejará de cambiar (incluso en el sur, que es la parte que menos se altera), porque la vida como tal sigue su curso; pero es insoportable, es desolador que eso suceda, dado que Beatriz Viterbo ha muerto. En el tango "Sur", el barrio cambia ("pesadumbre del barrio que ha cambiado") y es por eso que el amor se acabó y se perdió, porque todo se acaba y se pierde, porque no es la novia de entonces lo que ha muerto, sino las ilusiones de ese amor ("pesadumbre del barrio que ha cambiado / y amargura del sueño que murió").

¿Nada se pierde, todo se transforma? No, al revés: todo se pierde porque todo se transforma. Ese es el "Sur" de Homero Manzi. En el sur de "El Sur" de Borges, que es en parte donde transcurre "El Aleph", se verifica en cambio esa lastimosa verdad que el propio Borges estableció en el poema "1964": que solo se pierde lo que nunca se ha tenido. Pero ¿qué otra cosa se comprueba, una y otra vez, en cada una de las visitas postreras a la casa de la calle Garay, y aun en la vertiginosa visión del universo entero en ese punto infinito alojado en un recoveco del sur, sino la evidencia de que a Beatriz Viterbo nunca se la ha tenido? Esta otra pérdida, tan amorosa como la otra, o acaso más, la supera por lo tanto en su absoluto, es sin dudas mucho más terrible.

Verdadero el odio

"**E**N CUANTO LO SUPE muerto y sin habla, le perdí el odio". Lo dice el narrador de "Hombre de la esquina rosada" (se lo hace decir Jorge Luis Borges, que lo escribió) y la formulación es admirablemente precisa. "Sin habla": se trata de esa forma singular del odio, esa eficaz corroboración del odio, que consiste en no tolerar siquiera que el otro hable, detestarlo hasta en la voz, hasta en la manera de hablar o por el hecho mismo de que hable. Cuando se queda sin eso, sin habla, el odio se disipa. No se trata de discrepar con las cosas que el otro pueda decir o haya dicho; eso de por sí llevaría eventualmente a la refutación, a la discusión, a trabar las palabras en lucha. O podría llevar a la agresión, por qué no; pero incluso en ese caso se trataría de una hostilidad motivada por una diferencia de ideas, algo distinto de esto otro: del encono personal.

El narrador de "Hombre de la esquina rosada" (todavía no lo sabemos, pero lo sabremos en la frase final del relato) es quien apuñaló a Francisco Real (o, en palabras de Borges, "el que lo arregló"). Más tarde lo ve agonizar, lo ve morir, lo ve ya muerto; y al verlo muerto, muerto y sin habla, le pierde el odio. Ese odio se le había vuelto ni más ni menos que eso: un asunto personal. Luchó consigo mismo para lograr que no lo fuera: "Yo forcejiaba por sentir que a mí no me representaba nada el asunto". Lo intenta, intenta desprenderse de lo que acaba de pasar, intenta convencerse de que lo ocurrido entre Rosendo Juárez y Francisco Real no es problema suyo. Pero no, no lo consigue: "Pero la cobardía de Rosendo y el coraje insufrible del forastero no me querían dejar". Y es que sí: el asunto lo representa; quiera o no, lo representa; se le ha vuelto personal. Y de hecho es así como lo resuelve, como agresión de persona a persona, no ya por lo que Real pudiese pensar o decir o hacer, sino por el hecho mismo de que existiera. Lo resuelve así, solapadamente, como cosa suya, sigiloso, en secreto, no se ocupa de que en el barrio se enteren, no le importa que allí se sepa. Se enteran no-más la Lujanera, y eso porque presenció los hechos, y un interlocutor en particular, al que sí le cuenta la historia, y que se llama ni más ni menos que "Borges".

Ese odio, esa clase de odio: el de la animadversión personal, tan distinto de otros, por cierto. Ese afán de supresión, ese deseo de inexistencia, tan diferentes de otros, por cierto. El narrador de "Hombre de la esquina rosada" no tiene coartada, no la precisa, nadie lo vio, nadie sospecha (hay uno que sí, pero se queda en el molde). En cambio, en "Emma Zunz", la coartada lo define todo, la historia entera transcurre para dar forma a una coartada: que Aarón Loewenthal abusó de ella y ella tuvo que matarlo. Lo que pasó, dirá Emma, es increíble. Pero logrará que todos le crean. Ella sí va a narrar lo que hizo, y va a narrarlo a la policía (en el otro cuento, en cambio, ante la llegada de la policía, todos precisan disimular, tanto los del barrio propio como los del barrio ajeno). Emma logra que le crean su versión falsificada, porque en ella, pese a todo, se aloja cierta verdad: "La historia era increíble, en efecto, pero se impuso a todos, porque sustancialmente era cierta. Verdadero era el tono de Emma Zunz, verdadero el pudor, verdadero el odio".

Verdadero el odio (son "falsas las circunstancias, la hora y uno o dos nombres propios"; pero el odio no, el odio es verdadero. La versión fílmica de Torre Nilsson se llamó de hecho así: *Días de odio*). ¿De qué clase de odio se trata? En un capítulo de *El cuerpo del delito*, Josefina Ludmer ha analizado las diversas posiciones de sujeto que puede asumir Emma Zunz. Es mujer, es obrera, es judía, es hija (de su padre, al que en principio quiere vengar), es hija (de su madre, a la que en verdad termina vengando). El impulso, en cualquier caso, es personal, se le ha vuelto personal, atenuando o diluyendo otras aristas posibles; es algo tan suyo como el pudor o como un tono de voz. Emma Zunz mata a Loewenthal para así vengar una afrenta finalmente íntima. Le dispara sin llegar a decirle lo que tenía previsto decirle, porque "las malas palabras no cejaban; Emma tuvo que hacer fuego otra vez". O sea que lo mata, también, para que Loewenthal se calle. Para dejarlo, ya que muerto, sin habla.

Esa clase de odio. Esa y no otra.

Caso resuelto

YA SE HA DICHO que Emma Zunz iba a quedar detenida: que su coartada ante la policía no podía prosperar a pesar de que el propio narrador del cuento sostenga en el final lo contrario. Lo que dice el narrador lo sabemos: que lo "increíble" cederá ante la fuerza de lo que es sustancialmente cierto, y a Emma le van a creer. Quienes discrepan con este vaticinio basan sus argumentos en cuestiones de neta genitalidad. Los reproches no apuntan a Emma, que al fin y al cabo no existe, sino a Jorge Luis Borges, que es el que la creó. A Borges el reprimido, a Borges el remilgado, le cuestionan una *gaffe* en materia de erotismo: ¿qué clase de peritaje podría llegar a confundir una relación sexual consentida con una violación sexual, o un abuso? ¿Quién podría no advertir en su cuerpo la ausencia de las huellas de un forzamiento, toda vez que la experiencia sexual que vivió (alterando apenas "las circunstancias, la hora y uno o dos nombres propios") fue aceptada y voluntaria? Los asuntos personales de Borges no importan ni vienen a cuento, pero me permito alegar aquí un saber del remilgado. Porque en cualquier caso la voluntad no es lo mismo que el deseo, acaso en cualquier rubro que se invoque, y en materia sexual sobre todo. Es cierto que Emma Zunz *quiere* acostarse con el marinero sueco en el puerto, pero no es menos cierto que, aun así, no lo *desea*. Las marcas de esa fricción habrán de quedar en el cuerpo, y como marcas de fricción precisamente, si se me permite decirlo así.

Un hombre atento (atento en el sentido de amable, atento en el sentido de perspicaz) lo notaría quizá, llegado el caso; pero un marinero algo rústico y algo urgido, que se aboca a un pronto trámite de intercambio de sexo por dinero, es casi seguro que no.

No obstante, sostengo también que Emma Zunz habrá de quedar detenida, aunque por razones distintas que estas. Su plan, como tal, es perfecto, y es perfecto ante todo en su cuerpo. ¿Qué otra cosa, sino su cuerpo, le reveló a esa chica de casi 19 años y "un temor casi patológico" a los hombres esa "cosa horrible" a la que por ejemplo, y sin ir más lejos, su padre, hubo de someter por ejemplo, y sin ir más lejos, a su madre? Por alguna razón Emma determinó que su padre se había suicidado en Brasil (no es lo que la carta le informa, la carta informa una muerte accidental); por alguna razón Emma decide que es después de ese suicidio, pero no antes, que vengar la afrenta que sufrió su padre tiene sentido. Que su padre fue víctima de Aarón Loewenthal es algo que él mismo le ha confiado, y que ella decidió creer; que además fue victimario (de su madre, por lo pronto) es lo que su propio cuerpo le revela. Por eso en el momento de matar a Loewenthal, el patrón, el judío, el que años atrás arruinó a su padre, va a matar antes que nada a un hombre: no al patrón, no al judío, ni siquiera al que arruinó a su padre, sino a un hombre; y eso porque el impulso definitivo para actuar y matar lo cobra en tanto que mujer: no es Emma Zunz, la obrera; tampoco es Emma Zunz, la posible judía; ni siquiera es Emma Zunz, la hija de Emanuel Zunz; sino Emma Zunz, la mujer, rabiosa por su humillación de mujer.

Aarón Loewenthal es un típico judío, vale decir el estereotipo de un judío: barba rubia, anteojos redondos, nombre bíblico, avaricia; su casa es la fábrica, su "verdadera pasión" es el dinero, los insultos del verse matado los profiere parcialmente en ídish. Emma actúa sobre varios de estos signos. Un rato antes, rompió dinero, el dinero que el marinero sueco le dejó, creyéndola prostituta (creyéndole que era prostituta). Al escritorio de Loewenthal accede prometiendo delatar a quienes impulsan una huelga en la fábrica (y Loewenthal, el patrón, la recibe, creyéndola delatora). Las palabras en ídish las calla, disparando una tercera vez, haciendo que la barba se manche de sangre. Y por fin, después de eso, le quita al muerto los anteojos redondos y los pone sobre un fichero. ¿Por qué hizo eso? Presumo que hay que tomarlo como una versión sublimada del desnudamiento del abusador. Las evidencias del abuso sobre su propio cuerpo Emma Zunz ya las ha producido; ahora tiene que producirlas sobre el cuerpo de Aarón Loewenthal. No va a llegar hasta su desnudez, no va a llegar hasta su sexo (si llegara, a no dudarlo, sumaría un signo de judaísmo más). En vez de eso, antes que eso, apenas le desabrocha el saco y le quita los anteojos. Gesto metafórico que corresponde a un desnudamiento, o gesto literal que corresponde a la presunción de que el que usa anteojos y se dispone al acto sexual antes de proceder se los saca (con más razón todavía si lo que emprende es un abuso).

Pues bien, los anteojos quedan aparte, sobre el fichero. Servirán así para sostener la coartada del abuso de Emma. Pero hay un detalle que Emma no advierte, hay algo que Emma no ve: los anteojos están salpicados. Salpicados, tal vez, de sangre, o más probablemente de esa agua que voló del vaso que Loewenthal le traía a Emma, a pedido de ella, en el momento de los primeros disparos. Es imposible que la policía, al llegar y al fijarse, no deduzca que, si los anteojos del muerto están salpicados, es porque él mismo los llevaba puestos en el momento de morir. Y que, por ende, su matadora se los quitó después de haberlo matado. La coartada del abuso caerá, pero no en el cuerpo de Emma, sino en el cuerpo de Loewenthal; no en la hipotética desnudez peritada de Emma, sino en la desnudez figurada de Loewenthal.

¿Cómo se le pudo escapar semejante detalle a Emma Zunz? No lo sé. Y a Borges, si es que se le escapó, ¿cómo es que se le pudo escapar? Tampoco lo sé. Pero me atrevo a arriesgar, como hipótesis, que no le habría sucedido de emplear esta palabra más trivial: "anteojos". Él en cambio usó "quevedos", que es mejor, más pertinente, más literaria: "Los quevedos salpicados". ¿Y si poniendo quevedos se quedó pensando en Quevedo? ¿Y si una vez más lo distrajo, como siempre, lo de siempre: un fulgor de literatura?

Mano a mano

Es cierto: la literatura argentina empieza con un abuso. Empieza con la violación del unitario en "El matadero", según definió David Viñas con una observación crítica que es ya casi tan clásica como el propio cuento de Echeverría. Empieza con ese abuso, que es sexual pero no solamente sexual, sino también numérico. Es un abuso en el número, antes incluso que en el cuerpo: la cifra precisa de la abyección consumada, la fórmula exacta de la cobardía cabal: la violencia de todos contra uno. Echeverría no deja de consternarse ante este escándalo moral y lo denuncia en el cuento: "¡Qué nobleza de alma! ¡Qué bravura en los federales! Siempre en pandilla cayendo como buitres sobre la víctima inerte" (85). La pandilla, o su reformulación como patota, produce en su uso específico de la violencia la inversión del paradigma heroico: un héroe es el que puede luchar solo contra todos, lo que implica de por sí justo lo contrario de este innoble ensañamiento de todos contra uno. En vez de la guerra *de* un solo hombre, que en su misma configuración promete hazañas, lo que se verifica es una especie de guerra *contra* un solo hombre, de la que no puede esperarse sino bajezas y ruindad. Es conocida la productividad literaria que tuvo "El matadero". Haciendo de la pandilla, patota, de los federales, peronistas, y del unitario, un judío, Borges y Bioy Casares escribieron su propia versión del todos contra uno en "La fiesta del monstruo" (Bioy después la emplearía, en clave generacional, en *Diario de la guerra del cerdo*). Osvaldo Lamborghini preservó el formato pero invirtió el signo de clase en "El niño proletario": le otorgó al proletario la condición de la individualidad y a los burgueses les deparó la pluralidad de lo colectivo. Una prolongación más pronta, ya en el siglo XIX, es la del federal de "La refalosa", a quien Hilario Ascasubi concedió una voz singular pero una enunciación en plural (una voz que amenaza, desde esa pluralidad, la singularidad de la víctima). Y una inversión más pronta, también en el siglo XIX, es la que construyó Eduardo Gutiérrez en *Juan Moreira*: Moreira cobra más valor, y por eso es héroe, cuando sabe que va a pelear contra muchos: "Este día yo quiero pelear solo a toda la gente que venga a prenderme" (55). El unitario de "El matadero" es una víctima moral, porque sucumbe solo a manos de varios; Juan Moreira es un héroe moral, porque se impone solo contra varios. Para cuando caiga, ese heroísmo ya estará garantizado. Lo fundamental, sin embargo, no es prolongar o invertir el formato de la violencia en abuso del número, sino descomponerlo: desarticularlo. Y para eso hay que convertirlo en un nuevo formato de violencia. Ese paso decisivo se da en *Martín Fierro*, cuando, en una escena clásica de ese poema clásico, Cruz deserta de la partida y pasa a pelear junto con Fierro. Lo que lo indigna es la indecencia del abuso del todos contra uno, así como lo admira la nobleza del que pelea solo contra todos.

Fierro había dicho: "Que yo no me he de entregar / aunque vengan todos juntos" (69). Y vienen todos juntos, en efecto: "Pero no aguardaron más / y se apiaron en montón" (69), revelando hasta qué punto no hay pandilla más notoria que la que integra una partida policial. Solo que, puestos a pelear con un héroe, el predominio numérico puede no ser siempre una ventaja: "Que tuitos se me venían / donde yo los esperaba; / uno al otro se estorbaba / y con las ganas no vían" (70). La violencia cobarde de todos contra uno se quiebra en este episodio, en el momento en que Cruz "no consiente / que se cometa el delito / de matar ansí un valiente" (71). En esta escena, una violencia así debería resultar no solamente inmoral, como en "El matadero", sino además ilegal, en cuanto Cruz la define como "delito". La violencia de todos contra uno cargará para siempre con un signo de oprobio. En su lugar se ofrece un formato de violencia noble y legítima, y en su momento no menos legal que legítima, que es la violencia del duelo: la pelea mano a mano, la pelea de uno contra uno. En el centro del canon, es decir en *Martín Fierro*, se consagra esa alternativa: la pelea de Fierro con otro gaucho (cuerpo a cuerpo y con arma blanca), la pelea de Fierro con un negro (cuerpo a cuerpo y con arma blanca), la pelea de Fierro con un indio (cuerpo a cuerpo, a bolazos y arma blanca). Hernández concibe incluso la posibilidad de que, en medio de una situación de guerra, vale decir bajo las reglas de la lucha organizada de muchos contra muchos, se recorte y se distinga la forma nítida de un duelo, una pelea de uno contra uno, la pelea de Martín Fierro con un indio en particular. El indio lo ataca personalmente ("Dios le perdone al salvaje / las ganas que me tenía" [89]) y Martín Fierro lo identifica ("era el hijo de un casique / sigún yo lo averigüé" [89]): es lo contrario de la norma impersonal que prevalece en las acciones de guerra. En pleno combate se produce un duelo: en medio de los muchos que pelean, pelean solamente dos. Es bien sabido que Borges cultivó el menosprecio por la violencia ejercida en abuso de número tanto como la admiración por la violencia ejercida en la justa proporción del duelo frontal. La repugnancia por la pelea en patota tuvo así su complemento en el reconocido "culto del coraje". Es cierto que el duelo le interesaba a Borges ante todo como forma, según puede verse en "La muerte y la brújula" o en "Guayaquil", textos que funcionan bajo la lógica del duelo aunque nadie se bata con nadie en un sentido estricto. Y no es menos cierto que, en procura de alguna trascendencia, podía abstraer la escena del duelo hasta desmaterializarla, según se resuelve "El Sur". Pero, en cualquier caso, queda claro que ese modo de la violencia popular se valida y se prestigia en Borges, siempre y cuando se garantice la absoluta supresión de todo carácter grupal. Por eso puede decirse que un texto como "Hombre de la esquina rosada", el primero que escribe Borges para contar una historia de violencia popular, funda los requisitos para su ejercicio (ejercicio de la violencia por parte de los personajes y ejercicio narrativo por parte del escritor): los seguidores de los dos caudillos les abren cancha para que se enfrenten mano a mano, y se comprometen a no terciar en la pelea siempre y cuando sea limpia. Habiendo muchos, son solo dos los que van a pelear (como uno de los dos se niega a pelear, no habrá pelea. Y la violencia secreta, la violencia invisible que va a reparar esa renuncia, es igualmente de uno contra uno). Borges rescata de *Martín Fierro* esos dos dispositivos, que resuelve traspasar a su propia obra: el recorte del duelo contra un horizonte de violencia general y la impugnación moral de la violencia de todos contra uno. Remite lo primero a la pelea de Fierro con el negro y exalta lo segundo en el episodio de la deserción del sargento Cruz; en un prólogo a *Hormiga negra*, de Eduardo Gutiérrez, que escribe en 1937, destaca precisamente esos dos segmentos del poema de Hernández, que son los que famosamente reescribirá en las páginas de su propia ficción: al duelo de Fierro y el negro le inventa una revancha (la llama "El fin" y la publica en *Ficciones*) y al osado sargento Cruz le inventa una vida (la titula "Biografía de Tadeo Isidoro Cruz (1829-1874)" y la incluye en *El Aleph*). Es evidente que Borges reescribe el texto canónico allí donde la violencia popular se adecenta y hace posible un eventual aprecio letrado: la turbiedad colectiva cede, impugnada, y se convierte en un límpido enfrentamiento entre dos. Hay que decir, sin embargo, que ya en *Martín Fierro* se verifica un ajuste moral en lo atinente a la pelea de Martín Fierro con el negro. Porque en verdad en el poema de Hernández los duelos con un negro son dos, y no solamente uno. El primero consta en "La ida"; nace al amparo de una borrachera y cobra impulso con un par de bravatas suficientemente ofensivas; el desafío surte efecto y sigue una pelea de cuerpos y de sangre, que culmina con el cadáver del negro alzado por Fierro con su cuchillo en un alarde de ferocidad. El segundo se mantiene con el hermano de la víctima del primero; con él concluye "La vuelta", bajo el mismo tenor de pacificación y sosiego que rige todo este tramo del libro: la lucha entre Fierro y el negro no es ahora con los cuerpos sino con las voces: es una payada. Una lucha estrictamente verbal, que ante todo presupone —habermasianamente— un principio de entendimiento entre los contendientes, y que en definitiva impide, sublimación mediante, lo que pudo ser (lo que alguna vez fue) una confrontación física. Cuando Borges escribe, en "El fin", la revancha de aquella pelea, buscada y obtenida por el hermano de ese negro que muriera siete años antes a manos de Fierro, y cuando hace que esta vez sea el negro el que gana y sea Fierro el que muere, está reescribiendo los dos duelos que hay en *Martín Fierro*: tanto el de "La ida" como el de "La vuelta". Al de "La ida" lo invierte: hace que pierda el que venció la otra vez. Al de "La vuelta", en cambio, lo invierte y lo revierte: si Hernández propuso un corrimiento incruento de los cuerpos a las voces, Borges reedita la pelea como lucha de cuerpos y no de cantos. Porque el negro de "El fin" al principio paya: "El ejecutor era un negro que había aparecido una noche con pretensiones de cantor y que había desafiado a otro forastero a una larga payada de contrapunto. Vencido, seguía frecuentando la pulpería, como a la espera de alguien" (167). Ese alguien, por supuesto, es otra vez Martín Fierro; pero con él ya no va a payar, como hizo en el poema de Hernández y como hizo en el comienzo del cuento de Borges. "Dejá en paz la guitarra, que hoy te espera otra clase de contrapunto" (169), le dice Martín Fierro, que sabe que la guitarra implica paz y que esta vez la pelea será a cuchillo y no a tonadas. La parálisis contemplativa de Recabarren en "El fin" es la puesta al límite del principio de neutralidad de los terceros (aquí los terceros parecen ser, literalmente, de palo), esa prescindencia que asegura la validez de la pelea mano a mano. El sargento Cruz parece haber obrado bajo la inspiración de ese mismo espíritu de ecuanimidad: no soportó que se peleara a Fierro de una manera tan despareja en el número. Por eso se restó de la partida y se sumó al hombre solo: para atemperar la disparidad. En la versión ampliada de Borges, en la que Cruz cuenta ya con una vida entera, vemos que el personaje se nutre con un repertorio integral de formas de la violencia. Como podría hacerlo cualquier coleccionista de experiencias, compone su catálogo: ha peleado solo y mano a mano (provocado por un peón borracho y burlón, "lo tendió de una puñalada" [54]); ha peleado solo contra varios (contra una partida policial, lo mismo que Fierro. Y lo mismo que Fierro, "prefirió pelear a entregarse" [54]); ha peleado en las guerras civiles, vale decir, en la violencia de muchos contra muchos, "como soldado raso" (55); ha peleado contra los indios (violencia de muchos contra muchos, pero en inferioridad numérica: "Fue uno de los treinta cristianos que, al mando del sargento mayor Eusebio Laprida, pelearon contra doscientos indios" [55]); por fin peleó entre muchos, contra uno solo, cuando la partida policial que integraba y dirigía acorraló a Martín Fierro, y no lo toleró. No basta decir, sin embargo, que Borges recupera de *Martín Fierro* ese doble reacomodamiento de la violencia (la admisión entusiasta del uno contra uno, el repudio honesto del todos contra uno). Porque en verdad, cuando en el poema de José Hernández el sargento Cruz desiste de la partida y se pone a pelear junto con Fierro, hace algo más que desechar la bajeza del ataque colectivo: funda, al mismo tiempo, un modelo de alianza; crea un nuevo dispositivo para la pelea, que es la pelea de a dos. No ya la pelea de dos (uno contra el otro: el duelo), sino la pelea de a dos (pelear en pareja, juntarse para pelear; otra forma prototípica de heroísmo: la de dos contra el mundo). Hernández subraya, precisamente en el momento en que Cruz se pasa para pelear junto con Fierro, la eficacia de este recurso: "Y ahí nomás se me aparió, / dentrándole a la partida; / yo les hice otra embestida / pues entre dos era robo" (71). Entre dos es robo: la potencia estratégica de la alianza del par supera la lógica de las proporciones aritméticas. Una tercera opción se ofrece, entre pelear solo o pelear en patota, y es pelear junto con otro. ¿No acababa de suceder acaso, en la agresión de la partida policial, que a Fierro se le vinieron "dos de ellos, que traiban sables", pero que, apenas el héroe se deshizo de uno, "al verse sin compañero / el otro se sofrenó" (70)? Desertando de la partida, Cruz se inventa como compañero. Y la violencia encuentra así otro formato, que no es el de uno ni es el de muchos, sino que es el de dos: el héroe y su compañero, el héroe y su ayudante. Cuando Borges reescribe *Martín Fierro*, y reescribe especialmente esta escena primordial, suprime con cuidado esa instancia decisiva. En la versión de Borges, cuando Cruz pega el grito y se decide a luchar junto con Fierro, no empiezan a pelear de a dos. Entre dos es robo, determinaba Hernández; pero Borges no recoge esta variante, o en todo caso la desactiva. Y lo hace precisamente con la idea, muy borgeana por otra parte, de que Cruz *es* Fierro. La vida que Borges le inventa lo asemeja a él, sobre todo por el hecho de que también Cruz en su momento ha tenido que enfrentarse, solo, con una partida policial. Para Hernández, Cruz se pasa porque reconoce a Fierro (lo reconoce en su valentía); para Borges, Cruz se pasa porque *se* reconoce en Fierro (contempla a Fierro y se ve a sí mismo). "Comprendió que el otro era él" (57), dice Borges, muy a lo Borges (donde Rimbaud desestabilizaba: "Yo es otro", Borges no cesa de estabilizar: el otro soy yo). Es, en definitiva, la misma resolución que le imprime a su otra reescritura de *Martín Fierro*, la de "El fin", la del negro que venga a su hermano con el puñal y no con la guitarra: "Cumplida su tarea de justiciero, ahora era nadie. Mejor dicho, era el otro: no tenía destino sobre la tierra y había matado a un hombre" (170). El negro mata y comprende que ahora él es Martín Fierro; Cruz deserta porque comprende que Martín Fierro es él. En esta fusión gozosa del sujeto y su otro, en este desvanecimiento insistente de la diferencia en la identidad, ya no importa que el negro vengador haya peleado en contra de Martín Fierro y que el sargento Cruz se haya puesto en cambio a pelear junto con él. Da lo mismo: si Fierro y su otro son el mismo, da lo mismo. Da lo mismo Fierro que el negro, da lo mismo Fierro que Cruz; pero también, y sobre todo, da lo mismo el negro que Cruz. Da lo mismo el enfrentamiento que la alianza, porque todo se subsume homogéneamente en lo uno y en lo mismo. Y la alternativa que así se escurre es la que de veras intimidaba: que los hombres se junten a pelear de a dos. El robo de la violencia, el milagro numérico: dos es más que seis o que ocho. "Comprendió su íntimo destino de lobo, no de perro gregario" (57), dice Borges de Tadeo Isidoro Cruz. Dejó la manada: esta es su nobleza (y la indecencia de los federales de "El matadero"). Pero Borges lo designa como lobo, y no como perro gregario, para no dejar de verlo solo, para anular el hecho, evidente pese a todo, de que Cruz abandona la partida para agregarse a Martín Fierro. Borges percibe a Cruz como un Martín Fierro para seguir percibiendo a un hombre solo, para no tener que percibir a dos hombres juntos. Porque el negro de "El fin" se convierte en Martín Fierro matando a Martín Fierro. Pero Cruz no mata a Martín Fierro, no agrede a Martín Fierro: se une a él, forma pareja con él. Fierro y el negro se baten en un duelo; Fierro y Cruz, en cambio, pelean "entre dos". Borges hace de las dos cosas una sola: de todo un duelo, de todo un mismo relámpago de identificación final. La variante más temible, que dos hombres distintos se unan en la pelea, es la que Borges tacha cuando ensaya su versión literaria de la deserción de Cruz. Preferirá siempre a Juan Moreira, el héroe de Gutiérrez, que nunca permite que su compañero Julián, al que adora y al que besa, pelee junto con él. Al parecer hay algo peor que la patota, y es la pareja.

REFERENCIAS BIBLIOGRÁFICAS

Borges, Jorge Luis, "El fin", en *Ficciones*, Buenos Aires, Emecé, 1983.

_____, "Biografía de Tadeo Isidoro Cruz (1829-1874), en *El Aleph*, Buenos Aires, Emecé, 1984.

Echeverría, Esteban, *La cautiva. El matadero. Ojeada retrospectiva*, Buenos Aires, Centro Editor de América Latina, 1975, p. 85.

Gutiérrez, Eduardo, *Juan Moreira*, Buenos Aires, Centro Editor de América Latina, 1980.

Hernández, José, *Martín Fierro*, Buenos Aires, Biblos, 1986.

Viñas, David, *Literatura argentina y realidad política*, Buenos Aires, Centro Editor de América Latina,1982.

El enigma de Guayaquil: el secreto de la Argentina

> "También el silencio es un acto verbal, un agujero abierto en el lenguaje".
>
> JEAN-PAUL SARTRE, *El idiota de la familia.*

> "Lo real no debe estar determinado solamente en su objetividad histórica, sino también a partir del secreto que interrumpe la continuidad del tiempo histórico, a partir de intenciones interiores".
>
> EMMANUEL LEVINAS, *Totalidad e infinito.*

I

LA CREENCIA CIERTA EN la preeminencia argentina sobre el resto de América Latina, afirmada a veces como una realidad evidente y ya consumada, y a veces como un destino más o menos diferido pero en todo caso ineluctable, forma parte de los fundamentos y los mitos de origen de la argentinidad. Entre las diversas escenas de fundación que disponen los relatos de la historia, las que sellan esa ambición de predominio son sobre todo las relacionadas con la gesta militar de José de San Martín. A través de esa gesta, como bien lo establece Bartolomé Mitre, las virtudes heroicas de los grandes hombres argentinos exceden las fronteras nacionales (las de Manuel Belgrano, que queda más bien como un héroe de cabotaje[5]) y alcanzan una dimensión verdaderamente continental. El cruce de la cordillera de los Andes, las victorias de Chacabuco y de Maipú, el asedio a Lima, la declaración de la independencia peruana expresan la posibilidad argentina de dar la libertad, de concederla como quien concede un don. Es cierto que al llevar la libertad a los hermanos latinoamericanos se está definiendo un vínculo de fraternidad, pero no es menos cierto que ese vínculo de fraternidad no resulta del todo horizontal desde la perspectiva del relato nacional argentino, sino más bien, en todo caso, una relación entre un hermano mayor y sus hermanos menores, una relación que queda cabalmente definida en el título que San Martín detentara para su desempeño en el Perú: el de Protector.

Ahora bien: esta obsequiosa irradiación argentina encuentra por fin su límite, que es a un mismo tiempo un límite histórico, geográfico, político y militar (y es, también, un límite para la vanidad del imaginario argentino). Ese límite es Guayaquil. La entrevista de Guayaquil, mantenida por San Martín y por Simón Bolívar en julio de 1822, marca el punto final para las acciones del héroe argentino, además del punto en el que se debilita la eficacia simbólica de su figura (el poderoso título de "Protector", en presencia de Bolívar, mengua en su valor: solo indica que, en verdad, el título de "Libertador" le corresponde al otro). En Guayaquil se agota la certeza de que, en América Latina, no les tocaba —no podía tocarles— otra alternativa a los argentinos que la de imperar y prevalecer.

5. Es sabido que Mitre titula sus respectivos libros de consagración de próceres: *Historia de Belgrano y de la independencia argentina* e *Historia de San Martín y de la emancipación sudamericana*.

La entrevista de Guayaquil ingresa en la historia bajo una forma harto significativa: la del secreto. Los acontecimientos mismos, por supuesto, respaldan objetivamente esta definición, porque de hecho lo que sucedió es que Bolívar y San Martín por dos veces se reunieron, a solas las dos veces, las dos veces sin testigos; y que de los temas allí tratados nada se reveló por parte de ninguno de los dos próceres, entregados uno y otro a un similar sentido de la reserva y de la discreción. La entrevista de Guayaquil se plantea así como un verdadero desafío hermenéutico (que Ricardo Rojas recogerá): a falta de revelaciones manifiestas o confiables, los textos más oblicuos, los gestos menos visibles y aun los silencios, ya que de silencios se trata, deben ser interpretados[6]. La entrevista de Guayaquil resulta, en este sentido, ni más ni menos que eso: una entrevista, algo que apenas se entrevé. Es en la historia argentina la escena del secreto por excelencia. En cierto modo eso la vuelve incómoda, si pensamos que —como plantea Daniel Balderston— "el silencio es intolerable en el núcleo de un acontecimiento histórico importante" (185). Pero al mismo tiempo, y en términos de una escena de fundación de identidades, el secreto de Guayaquil y el conflicto que parece latir en su interior no son incómodos ni intolerables, sino una

6. Claro que, tal como lo establece Raymundo Mier, "el silencio guarda una relación equívoca con la interpretación, la incita, la alimenta, la interroga, pero también la desalienta, la disipa [...]. No hay interpretación del silencio, sino del cuerpo y del gesto silenciosos [...]. No hay significado del silencio, su sentido es irrecuperable. Los rastros de sentido se rescatan de sus márgenes, de la memoria de los signos que antecedieron ese detenimiento abrupto o de los signos que lo rodean" (120). Esta condición del silencio es otro de los aspectos del dilema de Guayaquil.

instancia necesaria, considerando que tanto el secreto como el conflicto, lejos de ser una traba o una resistencia para la organización de una sociedad, son algunos de sus motores principales[7]. La entrevista de Guayaquil vendría a ser entonces el máximo punto de condensación de esos dos factores, el secreto y el conflicto, en la narración histórica del pasado nacional[8].

7. Sigo en esto las ya clásicas consideraciones de Georg Simmel, en cuanto a que el secreto puede funcionar como positividad social, aun definiéndose, como se define, en términos de negatividad. Simmel advierte hasta qué punto estas formas negativas contribuyen decisivamente a la organización de la vida social, sin resultar, por su negatividad, meramente destructivas. Simmel percibe —y en esto es, evidentemente, un precursor de Michel Foucault— la dimensión de positividad que tiene lo negativo. A propósito del secreto, dice Simmel: "Toda relación entre dos personas o dos grupos se caracteriza por la presencia y por la cantidad de secreto que comporta [...]. El desarrollo histórico de la sociedad se define por el siguiente principio: alguna cosa que en otro tiempo era manifiesta tiende a ser protegida por el secreto, y a la inversa, lo que en otro tiempo era secreto puede sobrepasar esa protección y se convierte en manifiesto" (*Secret...*: 40. La traducción es mía). Y a propósito del conflicto, establece que, lejos de ser un elemento que atente contra la organización social, se presenta como una de las formas más activas de socialización e integración (ver *Le Conflict*: 19, 24 y 27). Con Simmel puede pensarse entonces que el orden social se sostiene principalmente en el secreto y en el conflicto, antes que en la transparencia y el acuerdo, que son, evidentemente, categorías habermasianas. Es notable que Habermas, en el *post scriptum* que redacta para la edición de un conjunto de ensayos de Simmel, omita toda esta dimensión del conflicto como una instancia fundacional para una sociedad.

8. En lo que hace específicamente al secreto, hay que agregar otro aspecto, igualmente considerado por Simmel, que es el de las sociedades secretas: ese orden de la inclusión y la exclusión que se rige por el secreto, fundando su propio régimen de jerarquías y su propio sentido de la "hermandad". Si damos por sentada la pertenencia de Bolívar y de San Martín a las logias masónicas, vemos que las capas de secreto que encubren la entrevista de Guayaquil son por lo menos

Cada uno de los grandes narradores de la vida de José de San Martín resolvió a su manera el dilema del secreto de Guayaquil. Juan María Gutiérrez, el primero en publicar en Argentina una biografía integral del prócer en 1863, establece una correlación esencial en términos de simetría y equivalencia entre San Martín y Bolívar. Domingo Faustino Sarmiento, siempre en clave de autoexaltación, se atribuye a sí mismo el mérito del develamiento, ya que pretende que nadie más que él supo poner locuaz al por lo general parco Padre de la Patria, hasta hacerle confesar la verdad de lo ocurrido[9]. Bartolomé Mitre, por su parte, aplicado como se sabe a la comprobación documental y la indagación de archivos, no puede resolver el dilema sino por medio del hallazgo de nuevas pruebas documentales (la famosa "carta de Lafond"). El caso de Ricardo Rojas es relevante porque, amén de lo que dejaba dicho en *El santo de la espada* (1933), dedica más tarde un libro entero a la cuestión: en agosto de 1950, punto culminante del paroxismo de las conmemoraciones del centenario sanmartiniano impulsadas por el gobierno peronista, publica *La entrevista de Guayaquil*. Este libro puede ser

tres: lo que Bolívar y San Martín se retacearon entre sí; lo que dejaron de revelar a los contemporáneos y a la historia; lo que se mantuvo oculto en razón de las normas de la sociedad secreta que integraban.

9. Sarmiento visita a San Martín en su casa de Grand Bourg hacia 1846. En el discurso que pronuncia en mayo de 1880 para dar recepción a los restos repatriados del prócer, se refiere a aquel encuentro: "Sabéis, señores, que fui el primer confidente a quien comunicó San Martín, en 1846, lo ocurrido en la memorable entrevista de Guayaquil" (tomo XXII, 78). En otra parte, Sarmiento explica: "San Martín gustaba poco hablar de lo pasado, y los que deseaban oírlo necesitaban valerse de destreza para hacerlo entrar en materia. Un retrato de Bolívar que tenía en su habitación me sirvió a mí de pretexto para hacerlo explicarse sobre la entrevista de Guayaquil" (tomo XXI, 44).

leído como un verdadero tratado sobre los problemas de la interpretación y la sobreinterpretación: dónde y cómo la verdad se revela, dónde y cómo la verdad se pierde. Pero puede ser leído también como un esfuerzo sostenido para desalojar del hecho histórico todo lo que pueda haber en él de secreto o de conflicto. Rojas no admite tales factores negativos: el misterio de Guayaquil para él no existe, sencillamente no hay tal misterio; pudo haberlo en su momento, por razones de una estrategia política y militar que recomendaba el silencio, pero ya no lo hay en el presente[10]. Y, sobre todo, no hay conflicto (buena parte de la obra de Rojas no es finalmente otra cosa que eso: una vasta empresa de disolución de conflictos, a favor de una integración completamente armónica[11]). Para Rojas, la entrevista de Guayaquil representa una forma de complementariedad, antes que de rivalidad, entre San Martín y Bolívar; y debe resolverse en términos de "concordia hispanoamericana" y "solidaridad continental" (335), antes que en términos de alguna clase de conflicto o de confrontación. El conflicto y el secreto desaparecen así en la versión de Ricardo Rojas sobre la entrevista de Guayaquil, ya sea por reducción de lo secreto a aspecto

10. Dice Rojas: "Establezcamos ante todo que la Entrevista de Guayaquil, por circunstancias que luego explicaré, debió ser misteriosa para sus contemporáneos, pero hoy no lo es para nosotros, gracias a la versión escrita que de ella dejaron sus dos ilustres actores" (16). Simmel establece, en efecto, que la naturaleza de lo escrito es opuesta a la del secreto, porque implica siempre un potencial de publicidad (ver *Secret...*: 72).

11. Paradójicamente, los libros de Rojas no siempre pudieron escapar, ellos mismos, de las arideces de un conflicto. *La entrevista de Guayaquil* contiene, de hecho, una serie de réplicas y refutaciones en relación con las críticas recibidas por *El santo de la espada*.

meramente formal, ya sea por desactivación de todo núcleo de conflictividad. Rojas no resuelve el misterio de Guayaquil, más bien lo disuelve; de la misma manera y con los mismos medios con que disuelve los conflictos que la entrevista contuvo (en el cara a cara de los próceres) o desencadenó (en las polémicas de los historiadores). Por ese motivo dice Rojas que habría preferido no hablar del "misterio de Guayaquil", y ni siquiera de la "entrevista de Guayaquil", y titular a su libro en cambio, más despojadamente, más lacónicamente, "Guayaquil".

"Guayaquil" es, por cierto, el despojado y lacónico título de un cuento que Borges incluye en *El informe de Brodie* en 1970. Con Borges, la entrevista de Guayaquil ingresa en la literatura argentina (aunque siempre tuvo mucho de especulación imaginaria, mucho de conjetural; siempre fue algo así como un resto de ficcionalidad alojado en el interior del discurso de la historia). El tema del relato no es, como podría suponerse, el encuentro histórico entre los dos próceres en el siglo XIX, sino los avatares contemporáneos de las investigaciones de los historiadores procurando dilucidar el secreto de esa entrevista. Lo que se dirime en el cuento tiene que ver con las posibilidades de esa investigación, y tal vez por eso —porque en Borges los historiadores pasan a ser casi detectives— el término con que se designa a la entrevista, además de "misterio", es "enigma". Sabemos que en Borges —basta pensar en "La muerte y la brújula", basta pensar en "Emma Zunz"— el enigma impone sus formas a la investigación que lo toma por objeto (o por lo menos pretende hacerlo). Borges devuelve a Guayaquil al espacio del secreto y del conflicto: Borges revierte a Ricardo Rojas, acabando en unas pocas páginas con sus laboriosas recomposiciones históricas de más de quince años. El secreto y el conflicto signan la entrevista y se imponen igualmente a los historiadores del cuento (pero se imponen como formas, como formas solamente, desde el momento en que lo que interesa no es el contenido de las palabras que Bolívar y San Martín puedan haberse dicho, sino el puro enfrentamiento de sus dos voluntades). Borges recupera la instancia del conflicto y la multiplica en una red. Hay conflicto entre San Martín y Bolívar; y después, claro, entre sanmartinianos y bolivarianos. Pero también lo hay entre los historiadores o las universidades del Caribe, que pelean entre sí, o entre los historiadores y las universidades argentinas, que hacen lo propio. Lo que el cuento enfoca, de todas maneras, es la disputa entre dos argentinos, cada uno de los cuales quiere ser quien acceda a un nuevo documento que promete esclarecer el misterio histórico de la entrevista. Pelean por ese puesto, hasta que uno vence: se trata, es evidente, de una variante —esta vez en clave historiográfica— del tópico borgeano del duelo. Los que disputan, sin embargo, son dos argentinos, o en realidad, más concretamente, los representantes de dos formas muy distintas de la argentinidad. Por eso es incorrecto entender, como el propio Borges en cierto modo alentó a hacer, que el conflicto entre los dos historiadores es apenas una alegoría del conflicto entre los dos próceres. En "Guayaquil" el conflicto es otro: es un conflicto entre argentinos, o mejor, un conflicto entre dos modos de ser argentino. Uno de los personajes (el que narra) es descendiente de un guerrero de la independencia y "lleva la historia en la sangre" (118); el otro (su rival) es un "historiógrafo extranjero" que se ha hecho ciudadano argentino, que "pronunciaba la ve casi como si fuera una efe" (116) y no tiene otro lazo con la historia que el que le procuran los libros. Por supuesto, como era de prever, es el segundo el que prevalece. Al igual que en "La muerte y la brújula", donde también compiten dos investigadores, se impone el que pertenece al mundo de los libros, y no el que pertenece al mundo de las huellas de lo real. Es Zimerman el que viajará, el emigrado, el que no pronuncia bien, el que no tiene otra relación con la historia argentina que la que le aportan los textos; y no el bisnieto del glorioso Suárez, el héroe de Junín. Es Zimerman el que vence, y lo hace gracias a —y no a pesar de— su relación mediada con la historia y con la identidad nacional. Sus argumentos, los argumentos con los que conseguirá imponerse, vuelven contra el rival los valores de la relación de sangre y la vinculación directa con la historia patria. Por una parte, Zimerman circunscribe las motivaciones del viaje a una dimensión específicamente textual (¿de qué otra cosa se trata, al fin de cuentas, sino de una presunta carta de Simón Bolívar?): "Usted lleva la historia en la sangre, según sus elocuentes palabras; a usted le basta oír con atención esa voz recóndita. Yo, en cambio, debo transferirme a Sulaco y descifrar papeles y papeles acaso apócrifos" (118). Por otra parte, se impone con argumentos estrictamente nacionalistas: "La cacareada epístola nos revelará lo que podríamos llamar el sector Bolívar, no el sector San Martín [...]. Permítame asimismo agregar que el nombre del divulgador de la carta quedará vinculado a la carta. A usted no le conviene, en modo alguno, semejante vinculación" (119). Si el secreto de Guayaquil constituye una de las escenas fundacionales de la identidad argentina, lo que hace Borges es vaciar de contenidos sustanciales tanto una cosa como la otra, o una cosa con la otra: el secreto y la identidad.

Borges hace del secreto, pero también de lo argentino, una pura forma (la del antagonismo) sin una sustancia específica que pueda detenerse en una petición de principio o en una validación estable. Así, el que *es* argentino no puede imponerse al que *se hace* argentino, porque ya no hay ningún ser sino puro hacer, o un puro hacerse. Dice Jorge Panesi en este sentido, en un artículo significativamente titulado "Borges nacionalista": "'Guayaquil' es un duelo académico y nacional. 'Vencen los inmigrantes, los inmigrantes vencen' parece repetir y salmodiar este relato sobre el destino de un académico patricio que no supo engarzar su yo con el destino o la voluntad nacional" (150-151). Pero el que vence no es solo un inmigrante, sino además un inmigrante que se ha hecho ciudadano argentino, y en el hacerse encuentra las razones para vencer. Es decir que la confrontación no se da entre dos polos que, en un sentido pleno, sean lo mismo, pero tampoco entre dos polos que, en un sentido no menos pleno, sean lo mismo y su otro: ni plena identidad, ni plena oposición. Eso otro, ese otro, se instala en el interior de lo mismo y lo desequilibra, y al desequilibrarlo desestabiliza todo posible lugar de identidad. Por eso, en este duelo, no vence el que ha permanecido toda su vida en un mismo lugar, sino el que a la pregunta: "¿Usted es de Praga, doctor?", es capaz de responder: "Yo era de Praga" (121). En esta confrontación no parece haber tampoco una interacción por la que, manteniendo cada uno de los términos su identidad consigo mismo, se modifique en su relación con el opuesto. Por eso no hay mezcla, ni integración, ni síntesis superadora. La confrontación se plantea y se resuelve de manera tal que cada polo se ve despojado, ya desde un primer momento, ya desde un principio, de la posibilidad de afirmarse en la identidad consigo mismo. El conflicto y la conciliación entre lo argentino y lo latinoamericano, cuya cifra es Guayaquil, podía eventualmente resolverse en una dialéctica de la identidad. La oposición que plantea Borges es de otra índole: siendo sus polos iguales, pero a la vez diferentes, siendo a la vez homogéneos y heterogéneos, siendo a la vez lo uno y lo otro, lo que es y su contrario, se resisten a la dialéctica, a la síntesis, a la identidad misma. Borges vacía así el secreto de Guayaquil, donde lo argentino se definía. Y en el lugar vacío de ese secreto pone a lo argentino, vuelto un enigma cuya resolución ya no importa.

REFERENCIAS BIBLIOGRÁFICAS

Balderston, Daniel, ¿*Fuera de contexto? Referencialidad histórica y expresión de la realidad en Borges*, Rosario, Beatriz Viterbo Editora, 1996.

Bhabha, Homi, *The Location of Culture*, Londres/Nueva York, Routledge, 1994.

Borges, Jorge Luis, "Guayaquil", en *El informe de Brodie*, Buenos Aires, Emecé, 1970.

Habermas, Jürgen, "Georg Simmel on Philosophy and Culture: Postscript to a Collection of Essays", en *Critical Inquiry*, vol. 22, n° 3, Spring, The University of Chicago Press, 1996.

Hobsbawm, Eric, *Nations and Nationalism since 1780. Programme, Myth, Reality*, Cambridge, Cambridge University Press, 1993.

Mier, Raymundo, "El secreto como lucidez", en *Confines*, año 2, n° 3, septiembre de 1996.

Panesi, Jorge, *Críticas*, Buenos Aires, Norma, 2000.

Piglia, Ricardo, "Ideología y ficción en Borges", en AAVV, *Borges y la crítica*, Buenos Aires, Centro Editor de América Latina, 1981.

Rojas, Ricardo, *La entrevista de Guayaquil*, Buenos Aires, Losada, 1950.

Said, Edward, *Culture and Imperialism*, Nueva York, Alfred A. Knopff, 1993.

Sarmiento, Domingo Faustino, *Obras*, París/Buenos Aires, Belin Hnos. Editores/Librería La Facultad, 1909/1913.

Simmel, Georg, *Le Conflict*, París, Circé, 1995.

_____, *Secret et sociétés secrètes*, París, Circé, 1996.

Dos entrevistas borgeanas

TENEMOS, CLARO, AL BORGES anglófilo, esa condición suya tan evidente y por lo demás explícita que le fue tan recurrentemente imputada y a la vez asumida por él con absoluta convicción. Pero tenemos también, de manera por demás notoria aunque no siempre igualmente expuesta, al Borges criollista (me remito en este sentido a Beatriz Sarlo) y al Borges nacionalista (me remito a Jorge Panesi). No habría por qué contraponer al Borges anglófilo y al Borges nacionalista o criollista, a menos que exista alguna fuerte vocación por el esquematismo antinómico, sino más bien considerar las líneas de transmisión, alimentación y retroalimentación, los puntos de contacto posible entre una cosa y la otra. Tampoco habría por qué colegir que su fervor por la cultura, la literatura y la lengua inglesas determinaron, como si eso fuera inexorable, una distancia o una ajenidad respecto de la cultura popular argentina (por argentina o por popular o por la conjunción de los dos factores). La presencia de lo popular en la literatura de Borges es fuerte y quedó bien a la vista (si se la negó o se la omitió ha de ser de la misma manera en que fue pasada por alto la famosa carta robada de Poe), ya se trate de su reelaboración de la tradición gauchesca (en "El Sur", en "El fin", en "Biografía de Tadeo Isidoro Cruz") o de la premeditada composición de una mitología popular en sus cuentos de orilleros o, por qué no, en sus milongas (no existe peculiaridad alguna en el hecho de que no perteneciera él mismo a las clases populares, ya que es un rasgo compartido por numerosos escritores, y en verdad por la amplia mayoría, más allá de algunas impostaciones o sobreactuaciones en general no muy creíbles. A Borges, no sé por qué, esa condición tan extendida le fue endilgada, bajo la forma arisca del reproche o del ataque, como si fuera una característica, o un defecto inadmisible, enteramente personal).

Es en este sentido que cobra una significación especialmente intensa un episodio referido por el propio Borges en algunas entrevistas que dio (lo tomo de Jean de Milleret, *Entrevistas con Jorge Luis Borges*): el episodio en el que él trata de enseñarle los palos de la baraja inglesa nada menos que a Nicolás Paredes, malevo que, según se decía, andaba debiendo unas muertes. Borges pudo conocerlo y entablar una conversación con él. De lo que era conocedor Paredes era de la baraja española: oros, copas, espadas, bastos. Retirado ya de las tareas propias de un matón de la política, se ganaba la vida con el truco, y no precisamente por jugarlo de manera limpia. Borges, como sabemos, le dedicó al juego del truco tanto un ensayo como un poema (el ensayo, incluido en *Evaristo Carriego*; el poema, en *Fervor de Buenos Aires*). Borges le aporta a Paredes esta revelación fundamental: que sus ganancias de tahúr se acrecentarían sin dudas si empleaba sus artimañas tanto mejor en partidas de póker. Para eso, claro, debía empezar por aprender esos otros palos: corazones, diamantes, tréboles, picas. Borges intenta enseñarle, traspasar ese saber al cuchillero con quien conversa. Lo intenta, pero fracasa. Y Paredes lo intenta también, porque va en su conveniencia; pero no hay caso, no lo consigue: "No tenía igual para el cuchillo y para trampear a los naipes, pero nunca fue capaz de aprender las figuras de los naipes ingleses. Traté de mostrarle la correspondencia entre oros, copas, bastos, espadas y corazón, rombos, tréboles y piques; pero en vano". En Borges hay un claro propósito de enlazar (de enlazar y luego hacer que ese enlace fluya) esos palos de juego inglés (por lo pronto, palos de bridge, que significa ni más ni menos que "puente") al hábito del juego nacional y popular; lo que falla es la receptividad o el poder de asimilación por parte del orillero.

En el conjunto de entrevistas que Borges dio, y que son muy cuantiosas por cierto, hay una de distinto tenor, pues se la hizo César Luis Menotti (la tomo de la compilación de Fernando Mateo: *Borges. Dos palabras antes de morir y otras entrevistas*). Y no fue sino a Menotti, director técnico del seleccionado argentino que apenas tres meses antes había ganado la Copa del Mundo, a quien Borges expresó su perplejidad por el hecho de que tamaño fervor popular, entre los argentinos, lo suscitara un juego inglés: "Yo no sé por qué se hizo tan popular ese fútbol inglés. Es raro que siendo Inglaterra un país generalmente odiado —aunque yo quiera mucho a Inglaterra— nunca se haya usado ese argumento en su contra". Se lo decía tan luego a Menotti, no importa si sabiéndolo o intuyéndolo, que es acaso el exponente mayor del criterio según el cual existe un estilo argentino en el fútbol, y que el fútbol, con ese estilo, expresa de manera plena el sentido de la argentinidad (una historia, una tradición, una manera de vivir incluso) y debe resistir en consecuencia la creciente influencia de los estilos europeos. Menotti ofrece algún alegato ante Borges, invoca el ajedrez; pero el ajedrez es otra cosa, remite a una abstracción universal, y Borges replica como lo que es, un experto en la materia. Ya antes había alegado que "si el campeonato hubiera sido de truco, taba o carreras las cosas hubieran resultado más fáciles", porque esas sí habrían sido pasiones verdaderamente argentinas. El fútbol, en cambio, lo desconcierta: un juego inglés, tan inglés... Borges habla como si supiera (y es que, en cierta forma, lo sabe) de dónde vienen Newell's Old Boys de Rosario, los Juniors de Boca o de Argentinos, un nombre como River Plate; de dónde vienen palabras nuevas como *orsai* o *centrofoward,* sentidos nuevos de palabras viejas como *córner* o como *goal*; de dónde vienen los trenes de donde vienen Ferro Carril Oeste, Rosario Central, Barracas Central, Central Córdoba de Rosario o de Santiago del Estero; de dónde vienen los talleres de donde vienen esos Talleres: el de Remedios de Escalada o el de Córdoba.

La conversación del Borges joven con Paredes el cuchillero hace juego con la conversación del Borges viejo con César Luis Menotti. Hubo años de diferencia entre ambas, pero giraron en torno de un mismo tema. Borges con Paredes y Borges con Menotti: hablaron de lo mismo. Un Borges reverencial y un Borges reverenciado: hablaron de lo mismo. De la cultura universal, de la cultura europea, de la cultura argentina, de la cultura popular: de eso hablaron los dos Borges con Paredes, con Menotti. De los pasajes y las obstrucciones, de las apropiaciones y las resistencias, de las traducciones y las literalidades, de los mundos y de las fronteras, de las fronteras que separan, de las fronteras que se cruzan, de todo eso de lo que la propia literatura de Borges evidentemente está hecha.

Ajenidad

Es difícil no pensar en "El Sur", un cuento en el que, por otra parte, Borges sabidamente desliza algunas huellas autobiográficas. Es difícil no pensar en "El Sur", pero no en el accidente y la septicemia, no en el ejemplar descabalado de *Las mil y una noches*, sino en ese episodio relativamente lateral que ocurre cuando Dahlmann tiene que hacer tiempo hasta el momento de la salida del tren (más tarde, ya en el campo, tendrá que hacer tiempo también) y se mete en un café cercano a la estación Constitución (más tarde se meterá en un almacén de campo). En ese café hay un gato, un gato desdeñoso al que Dahlmann acaricia. Toca su pelaje, sí, pero ese contacto, dice Borges, es ilusorio: uno y otro, el hombre y el gato, están en dimensiones temporales distintas. En el mismo lugar y en el mismo momento, pero, aun así, en tiempos distintos: uno (el hombre) en el tiempo sucesivo, el otro (el animal) en la eternidad del instante (en el almacén de campo dará con otra eternidad, pero no la de un presente, sino la del pasado: dará con la tradición, encarnada en un viejo gaucho).

Ese tramo de "El Sur", entonces: el de la ajenidad definitoria entre Juan Dahlmann y el gato. ¿No hay algo de ese mismo orden, no hay cierta ajenidad esencial, entre Jorge Luis Borges y Beppo en la foto que les tomó Julie Méndez Ezcurra? Beppo ostensiblemente se entrega, de esa forma que es tan propia de los gatos, despatarrado y panza arriba. Y Borges está en otra. Beppo ofrece, ofrece o pide, se ofrece a sí mismo o pide caricias, y Borges no se entera, sigue completamente ajeno.

Se trata, claro, de la ceguera. Es eso lo que, en cierto sentido, acertó a fotografiar Méndez Ezcurra: no a un ciego, sino una ceguera. No ya a un ciego, Jorge Luis Borges, aunque también, sino una ceguera: la ceguera de Jorge Luis Borges.

Lo notable es que Beppo parece saberlo. Y claro, cómo no va a saberlo, si es mascota en esta casa, si es la mascota de Borges. Se echa y espera caricias, gozando acaso de la tibieza del parquet; pero no las espera necesariamente de Borges, no es a Borges a quien mira, sino a la cámara, es decir, a la fotógrafa. De manera que, podría decirse, es mutua la ajenidad, tal y como lo es en "El Sur". En "El Sur" de manera más firme, porque es una ajenidad que prevalece incluso cuando Dahlmann alcanza a ver ese gato, decide acercarse a él, resuelve incluso acariciarlo. Aquí responde simplemente a los hábitos de una cotidianeidad compartida. Borges desatiende al gato y posa para la foto. Y el gato se muestra por su parte atento a la fotógrafa (y, por ende, a la foto: como si posara) antes que a Borges, ese hombre con quien vive.

La ajenidad de Borges, en esta escena, puede ser más bien contingente, y hasta causada por la foto misma, por el saberse fotografiado y tener que aquietarse y esperar. Considerada, sin embargo, con la ceguera como clave de lectura, ese grado de desconexión que terriblemente se impone a todo aquel que no puede ver se vuelve una cualidad definitoria. Y en efecto: en tantísimas fotos de Borges, buena parte de las tantas y tantas que le tomaron, este aire de ajenidad aparece. Solo que, en esta foto de Méndez Ezcurra, parece acentuarse, parece intensificarse. En parte tal vez por el entorno, que no es un cruce de calle, no es un viaje en un globo aerostático, no es el estudio de un fotógrafo, sino su propia casa, su propia sala de estar, un lugar que, aunque no vea, conoce bien. Puede que en parte se deba a eso, pero en parte también a Beppo, a lo que hace Beppo, a su manera de echarse, a su mirada fija y en registro en contraste con la mirada perdida (la de la vista perdida) de Borges.

Pero tomando en cuenta algunas cosas que el propio Borges ha dicho sobre sí mismo y su relación con la realidad social, con los temas de la actualidad de cada momento, o tomando en cuenta algunas escenas referidas en sus diarios por Adolfo Bioy Casares, escenas en las que Borges se enfrasca en sus temas, arma apartes y se desentiende por completo del resto y de la conversación general, cabe considerar que, más allá de lo que la ceguera determina inexorablemente, la ajenidad era en Borges toda una cualidad personal, una forma de ser y de hacer, una manera de estar y de comportarse. Esta foto tomada por Julie Méndez Ezcurra resulta ser, en este sentido, un retrato tan revelador como cabal, una imagen muy verdadera de Borges.

En la serie ciertamente extensa del subgénero fotográfico del retrato-de-escritor-con-gato (hay fotos así de Ernest Hemingway, de Sylvia Molloy, de Julio Cortázar, de Georges Perec, etc., etc., etc.), esta de Borges se destaca por atípica. Y eso no por lo que hace Borges (Borges no hace nada), sino por lo que hace Beppo. No se trepa ni se acurruca en él (eso lo hace en otras fotos), no se deja alzar ni lo alzan; está en la suya, igual que Borges. Pero se entrega a una laxitud muy plena, se echa y se estira, y no hace con eso sino realzar por contraste la disposición corporal de Borges. Por lo pronto, el hecho puntual, determinante para la composición de la imagen, de que se siente sin antes haberse desabrochado el saco.

En tiempos en los que arrecian las prácticas de la intimidad expuesta, ¿cómo contemplar esta foto de Borges en su casa? Su casa (esa que Vargas Llosa despreció, suponiendo que así le expresaba su profunda admiración al Maestro), sus cosas, sus muebles, sus cuadros (uno que pintó su hermana), sus adornos.

¿Se trata acaso de una escena más de intimidad expuesta? ¿Se trata acaso de un episodio más (aunque especial, porque se trata de Borges) de ese consuetudinario afán de acceder al hombre-por-detrás-de-la-obra, a la vida-que-hay-detrás-de-la-escritura (no transpuesta a la escritura, sino oculta y por detrás)? Si algo de eso hubo, si algo de eso hay, Borges se ocupa de neutralizarlo. ¿De qué forma? Con el traje (y el saco abrochado), la corbata, los zapatos, el bastón; con la elección de la ropa de calle (en tiempos de sombrero, se habría puesto el sombrero) aun estando dentro de su casa, con la apelación a una imagen pública (una imagen ya más que reconocible por cierto) situada en un espacio privado, en su mismo espacio privado. Se anula así el eventual efecto exhibitivo y se revierte en su exacto opuesto.

También en este sentido se destaca este retrato de Borges. Un Borges de plena exposición pública, sin repliegues ni retraimiento; pero de una exposición signada por un severo sentido del decoro, de la sobriedad, de la discreción, del recato en su mejor expresión.

Un amor de novela

ON UNA LUCIDEZ IMPLACABLE, pero no exenta de ternura, Estela Canto retrata a Borges en *Borges a contraluz*. Lo hace en distintos planos: el ideológico, el político, el social, el familiar, el psicológico, el personal, y aun el de esos recovecos de la intimidad a los que difícilmente se accede (pero pudo acceder Estela Canto, por su larga y estrecha frecuentación de Borges).

Con una indiscreción tan debida como indebida, que sirve a la escrutación personal no menos que a la inveterada pasión de los chismosos, Estela Canto narra y describe la historia de ese amor singular que existió entre ella y Borges. Aníbal Jarkowski volvió hace poco sobre esa historia en su novela *Si*, con la sutileza y la inteligencia que lo caracterizan (sutileza para matizar, inteligencia para comprender), y narró en clave condicional (la propia condicionalidad del "si") esa trama tan condicionada de un amor tan incondicional.

Y es que en la historia de Estela Canto y Borges, más que en otras, importa menos lo que pasó que lo que no pasó: lo que no pasó define todo, decide todo, es lo central. Se veían, salían a comer, iban juntos al cine, compartían caminatas largas en el sur de Buenos Aires. Se abrazaban. Se besaron. Nunca se acostaron. A Estela Canto la sorprendió que un día, en la redacción del diario *La Nación*, Eduardo Mallea se refiriera a ella como la "novia" de Borges. Ella no sabía que lo era, no consideraba serlo. Pero, evidentemente, para Borges sí. Y en cierto modo, con eso bastaba: Canto no lo desmintió a Mallea ni le pidió aclaraciones a Borges.

Y es que la relación entre los dos estaba dada de esa forma: Borges la amaba, y ella se dejaba amar. De un lado el amor, del otro el consentimiento. Ella, por consentimiento, sin estar enamorada de Borges, estaba dispuesta a acostarse con él; él, enamorado de ella, no se decidía a hacerlo (es uno de esos "si" que explora Aníbal Jarkowski: qué habría pasado si). ¿Puede entonces el amor de uno solo alcanzar para una relación de dos? Borges, con 45 años de edad, era diecisiete años mayor que Estela, una circunstancia que actualmente algunas posturas ultraconservadoras reprueban y denuncian. Ella era segura y desenvuelta; Borges era frágil y retraído. Ninguna paridad, por lo tanto. Pero tampoco un mínimo de reciprocidad. Borges ama, Estela no. Pero la ama tanto, de forma tan absoluta y devota, que ella es parte de ese amor, participa de lo que no siente porque la complace saberse amada así. De nuevo: ¿puede entonces el amor de uno solo alcanzar para una relación de dos?

Evidentemente, sí. Y es un amor de novela.

La plaza del Once

Vivió PRIMERO VARIOS AÑOS afuera, en Suiza y en España, en Ginebra y en Madrid, sin pasar por la Argentina. Y vivió a continuación varios años en la Argentina, sin salir al exterior para nada. Hubo primero un *todo afuera*, en que el país fue pura ausencia, y hubo luego un *todo adentro*, en que no existió más que el país. Recién después empezó Borges a viajar como se suele, esto es, yendo y viniendo, saliendo y entrando: partida y regreso, regreso y partida. Y fue entonces que surgió otra forma de añorar lo propio, distinta de la absoluta distancia y distinta de la que hay que inventarse para poder extrañar lo que está siempre al alcance (inventarse, por ejemplo, un pasado del lugar, en principio un pasado perdido, y de ser posible, uno que nunca existió).

En la conversación que dio forma a *Borges para millones*, le preguntan por ese asunto: por lo que extraña cuando viaja. Borges responde distinguiendo planos: no se extraña un país completo (porque no se habita un país completo), lo que se extraña es una ciudad. Aunque a su vez, en la ciudad, es preciso separar esas partes a las que uno nunca va o nunca fue (Villa del Parque y La Boca del

Riachuelo, ejemplifica Borges; esos mismos dos barrios había mencionado, tres años antes, en sus diálogos con Ernesto Sabato, como si no solamente las conferencias, sino también las conversaciones, Borges las preparara para después tan solo recitarlas).

Una vez establecido todo esto, Borges puede especificar: cuando viaja, cuando está lejos (en Austin, en Edimburgo, en Ginebra, en Londres), ocurre que de pronto piensa: "Caramba, si estuviera en la plaza del Once"; a cambio, también puede aliviarse pensando: "Qué suerte que no estoy en la esquina de Libertador y Pueyrredón". Y es que toda esa parte de Palermo, la de los lagos, le inspira "cierta aversión", "bastante antipatía", tanto como para extenderlas, por lo visto, hasta el límite con Recoleta. Es la parte de Palermo que no fue suya ni es orillera. A pocas cuadras de Libertador y Pueyrredón (subiendo por plaza Francia, doblando a la izquierda por Posadas), está la casa de su amigo Bioy: la zona no le es ajena. "La plaza del Once", en cambio, es un lugar al que nunca va: "Cuando estoy en Buenos Aires no voy nunca a la plaza del Once, que ciertamente no tiene nada de particular". Y es justo lo que, a la distancia, recuerda y hasta echa de menos.

Este retrato (o autorretrato) de Jorge Luis Borges viajero algo dice sobre la literatura, algo indica sobre la ficción: un lugar para descansar de lo vivido, más que para retomarlo y reproducirlo; un lugar donde desear lo mayormente imaginado. Pues en eso radica, a decir verdad, el atractivo de la plaza del Once evocada desde lejos: el no contar con vivencias concretas ahí, el tener que, más que nada, suponerla y hasta inventarla.

Para una tumba con nombre

Para María Elena Fonsalido

A LA REMOTA DEMOLICIÓN DE la casa natal de Borges, nada especial en una ciudad tan demoledora como Buenos Aires, vino a agregarse, años después, el cambio del nombre de la calle de esa casa, lo que tampoco es especial en una ciudad tan dada a los cambios de nombre. El asunto, como ya se señaló más de una vez, es que al quitar el nombre "Serrano" quedó afectado por lo pronto cierto verso consabido de un famoso poema borgeano, pues la manzana real que designaban (Guatemala, Serrano, Paraguay, Gurruchaga) en los hechos ya no existía más. Aquello de la cosa y el nombre de la cosa (aquello de la rosa y el nombre de la rosa) estaba sin dudas de por medio, pero en definitiva lo que sucedió es que el gesto referencial de Borges se quedó sin referente, o la designación se quedó sin objeto. Y dado el caso, no tan usual en él, de remitirse de forma directa a una determinada realidad efectivamente existente, es curioso que haya sido la realidad la que entonces se tornó elusiva, la que se sustrajo y se desvaneció y traspasó a la irrealidad.

Ahora bien, si el nombre "Serrano" se quitó, en su momento, no fue sino para poner en su lugar el de "Jorge Luis Borges". Un homenaje, claro, un homenaje. Con lo cual podría decirse que pasaba en las calles de Buenos Aires lo que largamente había estado pasando en la literatura argentina: que los homenajes al autor relegaban en cierto modo su obra, que los ritos de la veneración personal prevalecían en algún sentido sobre la más cercana y concreta lectura de los textos. El verso del poema quedaba en cierto modo dañado, o cuanto menos disminuido en su intención original, bajo el propósito algo solemne de rendir culto a su autor.

El autor, el nombre del autor (ahí donde, siguiendo lo planteado por Michel Foucault, el autor no es sino una función-autor y se sostiene en buena medida en el nombre), cobró una intensidad especial, dado que la persona (el ser de ese nombre) ya no estaba, no existía: Borges ya se había muerto. Se había muerto, es decir, ausentado, ausentado y para siempre; pero se había asegurado además agregarle ausencia a esa ausencia, reforzar con otra falta la primera inexorable falta: se aseguró morir y quedar enterrado en Ginebra. Que su cuerpo no estuviera acá, que sus restos faltaran acá, que quedara solamente el nombre.

Las razones personales (Ginebra fue la ciudad de su adolescencia, de sus estudios, de sus años felices) corren obviamente por su cuenta. Para nosotros, sus lectores, Ginebra significa distancia, Suiza es casi una abstracción (como lo es la muerte misma, sobre todo si se le quita el cuerpo). Lo que en la propia Ginebra un eventual visitante acaso sienta, más allá de lo que ese lugar impacta, es cierto aire de sobriedad, su virtud de discreción. Y otro tanto llega a ocurrir con el propio Cementerio de los

Reyes; aunque central, aunque importante, es sobrio y es discreto. Y todo eso alcanza sin dudas la piedra erguida de la tumba de Borges, la envuelve claramente, le imprime su carácter. En esa piedra hay una leyenda inscripta en inglés antiguo, ilegible o incomprensible por definición para el lego; y además, por supuesto, el nombre esperado del muerto. Al visitante de ocasión ese nombre lo hará pensar ante todo en el muerto de esa tumba, en el escritor de esos restos mortales. Pero también, además, por qué no, en el nombre de una calle de cierto barrio de Buenos Aires, a cuyo fervor por añoranza se entregará, por razones literarias justamente.

Más allá[12]

EL PRODIGIO DE LA visión del Aleph radica no solo en su poder de abarcar, que es absoluto, sino además en su poder de penetrar, que es decisivo. El todo que alcanza a verse en el Aleph, tan vasto como el propio universo, se debe a un fenómeno inefable de extensión y concentración, para que todo quepa, como cabe, en un solo punto; pero se debe también a la cualidad de una mirada que es capaz de traspasar la materia, y así acceder al atrás o al adentro de lo interno o de lo oculto.

En la célebre enumeración de lo visto, hecha de asombro y de resignación, constan así por caso "la delicada osatura de una mano" o "la circulación de mi oscura sangre" o "mis vísceras": el adentro de los cuerpos, el volumen, y no tan solo la apariencia exterior de ese todo que se ve. Por eso menciona asimismo Borges un "altivo cuerpo", y a continuación: "Vi un cáncer en el pecho"; lo que hace pensar de inmediato en la muerte de Beatriz

12. Agradezco a los docentes y a los estudiantes de Teoría Literaria II (materia dictada en la Facultad de Filosofía y Letras de la Universidad de Buenos Aires) por las clases sobre "El Aleph" que compartimos.

Viterbo ("después de una imperiosa agonía"), y con eso la posibilidad de ver, no solo a la muerta, no solo que ha muerto, sino la muerte misma, la presencia material de la muerte en el interior del cuerpo vivo.

En ese sentido, dirá Borges apenas un poco después: "Vi un adorado monumento en la Chacarita, vi la reliquia atroz de lo que deliciosamente había sido Beatriz Viterbo". La mirada de nuevo traspasa, la mirada de nuevo penetra, para poder ver de nuevo la muerte. Pero ya no como un cáncer en el interior de un cuerpo vivo, sino ahora como un cuerpo muerto (o lo que queda de él) al interior de una tumba en el cementerio. Y si el monumento de la Chacarita es "adorado", porque ahí está Beatriz Viterbo, la "reliquia" en su interior es "atroz", porque esa ya no es Beatriz Viterbo. Ella ya no está en ninguna parte. O sí: en sus fotografías.

Es por esa visión que procura el Aleph, dotada de penetración, que accede Borges al terrible secreto (un secreto que Daneri sin dudas le ha querido mostrar, valiéndose para eso de la excusa del universo): "Vi en un cajón del escritorio (y la letra me hizo temblar) cartas obscenas, increíbles, preciosas, que Beatriz había dirigido a Carlos Argentino". Justo antes de ver en un cajón, el del féretro, la reliquia atroz de Beatriz, Borges alcanza a ver en otro cajón, el de un escritorio, las cartas atroces de Beatriz. A diferencia de lo que acaba de ocurrirle con la visión de "un ejemplar de la primera versión de Plinio", en la que "vi a un tiempo cada letra de cada página", porque en el Aleph no hay sucesión sino simultaneidad, en las cartas de Beatriz las letras pasan una detrás de otra, una después de otra, forman palabras, hacen sentido, lo hacen saber. Beatriz le escribió cartas obscenas a Carlos Argentino, su primo. Y Borges (el personaje) no solamente las ve: además, las lee. Puede leerlas. O, como diría Borges (el autor): no puede no leerlas.

El Aleph se ubica en el sótano de una casa de la calle Garay (el universo en Constitución, o el universo desde Constitución: una disposición que remite en cierto modo a las ideas de "El escritor argentino y la tradición"). En ese sótano está Carlos Argentino Daneri cuando Borges llega, y por eso lo tiene que esperar. ¿Qué está haciendo? "Revelando fotografías". Es clave lo de la revelación; primero, porque el Aleph está a punto de ser revelado; luego, porque el Aleph, una vez revelado, habrá de revelar a su vez el universo (y en el universo, más específicamente, esas cartas precisas e increíbles de Beatriz). También es clave lo de las fotografías, porque es ahí donde ahora Borges puede ver a Beatriz en vida (en el Aleph lo que menciona que ve es su reliquia atroz). Todo un tramo de "El Aleph" se dedica a esa contemplación, a referir esa contemplación.

Los retratos de Beatriz Viterbo. Imagen en superficie, sin cuerpo, sin volumen, sin espesor. Borges no solamente los contempla, también les habla. Pronuncia ante esas imágenes las palabras de amor que lo conmueven. Con una dolorosa ventaja: ella ya no va a fastidiarse por tales declaraciones; ya no habrá por ende rechazo o menosprecio. A los retratos de Beatriz puede decirles Borges lo que ya no podía decirle a Beatriz misma, y eso porque ella ya no puede contestarle. Se equivoca Daneri al mencionarle que enseguida, Aleph mediante, podrá Borges "entablar un diálogo" con todas las imágenes de Beatriz; se equivoca (o daña adrede) porque en el Aleph aparecen también los despojos mortales de Beatriz, pero se equivoca especialmente porque Borges no entabla ningún diálogo con las imágenes de Beatriz, no habla *con* ella, le habla *a* ella.

Sabidamente dice Walter Benjamin que el aura, perdida en el ámbito de la reproductibilidad tecnológica, persiste empero en los retratos: en el aquí y ahora de los rostros, aun si fotografiados. En el Aleph no se accede al *aquí y ahora* de Beatriz Viterbo, se accede más bien a su *nunca más*. En los retratos fotográficos, en cambio, sí. El objeto aurático, dice Benjamin, devuelve la mirada. De manera que ahí Borges puede mirar a Beatriz, y a la vez ser mirado por ella. Lo que no devuelve el objeto aurático es la palabra. Tanto mejor: ahora puede Borges decirle a Beatriz Viterbo que la quiere, sin que Beatriz Viterbo, por su parte, tenga que decirle que ella no.

Con la demolición de la calle Garay, culpa del progreso, va a perderse el Aleph. Tal y como Beatriz Viterbo: "Perdida para siempre". Lo que seguramente va a conservarse, porque habrán de retirarlos a tiempo, son los retratos de Beatriz Viterbo: sus tantas fotos.

Procedencia de los textos

» "Ajenidad" fue publicado en la revista *La Agenda BA*, en marzo de 2023.

» "Caso resuelto" fue publicado en la revista *La Biblioteca*, Ediciones de la Biblioteca Nacional, n° 13, "Cuestión Borges", Buenos Aires, primavera de 2013.

» "Contraluz" fue publicado en el blog de Eterna Cadencia en enero de 2024.

» "Dos entrevistas borgeanas" fue publicado en *Estudios de Teoría Literaria*, Revista del Departamento de Letras de la Facultad de Humanidades de la Universidad Nacional de Mar del Plata, Mar del Plata, vol. 11, n° 26, noviembre de 2022.

» "El enigma de Guayaquil: el secreto de la Argentina" fue publicado en la revista *Variaciones Borges*, n° 16, Aarhus, 2003.

» "En las fronteras de Borges" fue publicado en la revista *Romaneske*, Leuven, Bélgica, 2019.

» "Fuera de escena" fue publicado en *Acta Philologica*, revista de la Universidad de Varsovia, vol. 62, 2024.

» "Inolvidable" fue publicado en la revista *El gran cuaderno*, n° 5, Buenos Aires, 2024.

» "La cara de Perón" fue publicado en Carina González (compiladora), *Peronismo y representación*, Buenos Aires, Final Abierto, septiembre de 2015.

» "Las formas de la violencia" fue publicado en la revista *La Tecla Eñe*, en febrero de 2022.

» "Lo que entiendo por Borges" fue publicado en Magdalena Cámpora y Javier Roberto González (editores), *Borges-Francia*, Buenos Aires, septiembre de 2011, Facultad de Filosofía y Letras (Universidad Católica Argentina), y en la revista Agora. *Journal for Metafysisk Spekulasjon*, n° 4, Oslo, 2010.

» "Mano a mano" fue publicado en la revista *Variaciones Borges*, n° 27, Pittsburgh, 2009.

» "Más allá" fue publicado en *Hispamérica. Revista de literatura*, Número Aniversario "El aleph", octubre de 2025.

» "Mirar y ver, mirar sin ver" fue publicado en la revista *Aquilea*, de la Universidad Nacional de Tres de Febrero, en 2019.

» "Para una tumba con nombre" fue publicado en el blog de Eterna Cadencia en diciembre de 2024.

» "Subterráneo" fue publicado en la revista *La Tecla Eñe*, en abril de 2022.

» "Sur, el sur" fue publicado en la revista *Variaciones Borges*, Pittsburgh, n° 56, 2023.

» "Un artículo sobre Borges" fue publicado en la sección "Escritores" del diario *Perfil*, el 3 de octubre de 2020.

» "Verdadero el odio" fue publicado en la sección "Escritores" del diario *Perfil*, el 17 de septiembre de 2022.

» "Crédulo amor", "La forma de la espada" y "La plaza del Once" se publican por primera vez.

Índice

9   Lo que entiendo por Borges

25   La cara de Perón

35   Contraluz

39   Un artículo sobre Borges

43   Crédulo amor

47   Subterráneo

51   La forma de la espada

57   Las formas de la violencia

61   Fuera de escena

75   Mirar y ver, mirar sin ver

81   Inolvidable

85   En las fronteras de Borges

101 Sur, el sur

107 Verdadero el odio

111 Caso resuelto

115 Mano a mano

125 El enigma de Guayaquil: el
     secreto de la Argentina

137 Dos entrevistas borgeanas

141 Ajenidad

147 Un amor de novela

149 La plaza del Once

151 Para una tumba con nombre

155 Más allá

159 Procedencia de los textos

Queremos hacer libros
cada vez mejores. Para eso
necesitamos saber qué pensás.

Envianos un mail y contanos tu parecer:
info@edicionesgodot.com.ar

O respondé una breve encuesta:

Si este libro te gustó y nos querés ayudar,
te agradecemos que lo recomiendes
a tus amigas y amigos o en tus redes sociales.

Libro
compuesto en
tipografía Stempel
Garamond 11/14 creada
por Claude Garamond
en el siglo XVI en Francia,
versión de la fundición
Stempel en 1924.

www.edicionesgodot.com.ar
info@edicionesgodot.com.ar
Facebook.com/EdicionesGodot
Twitter.com/EdicionesGodot
Instagram.com/EdicionesGodot
YouTube.com/EdicionesGodot

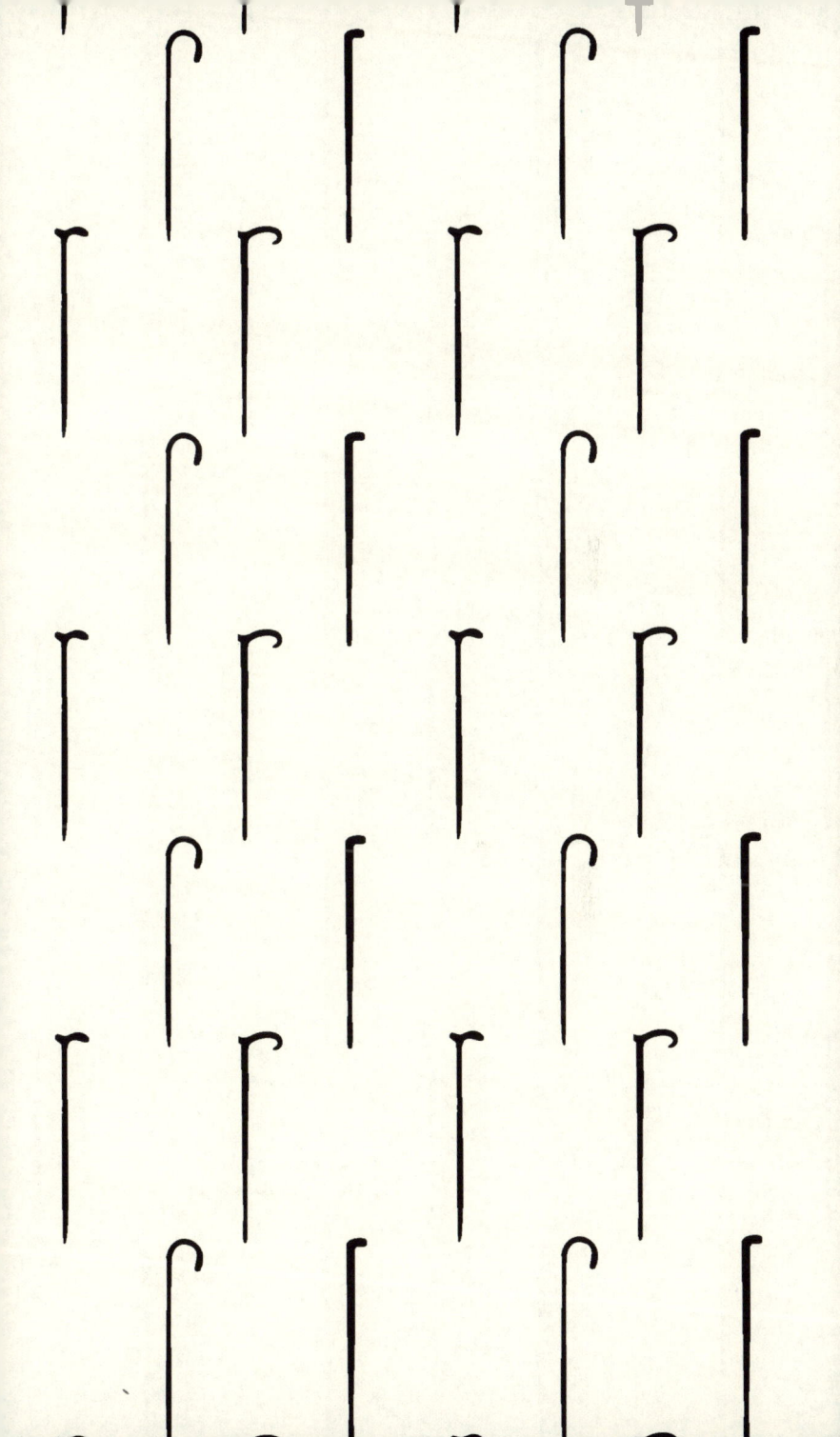

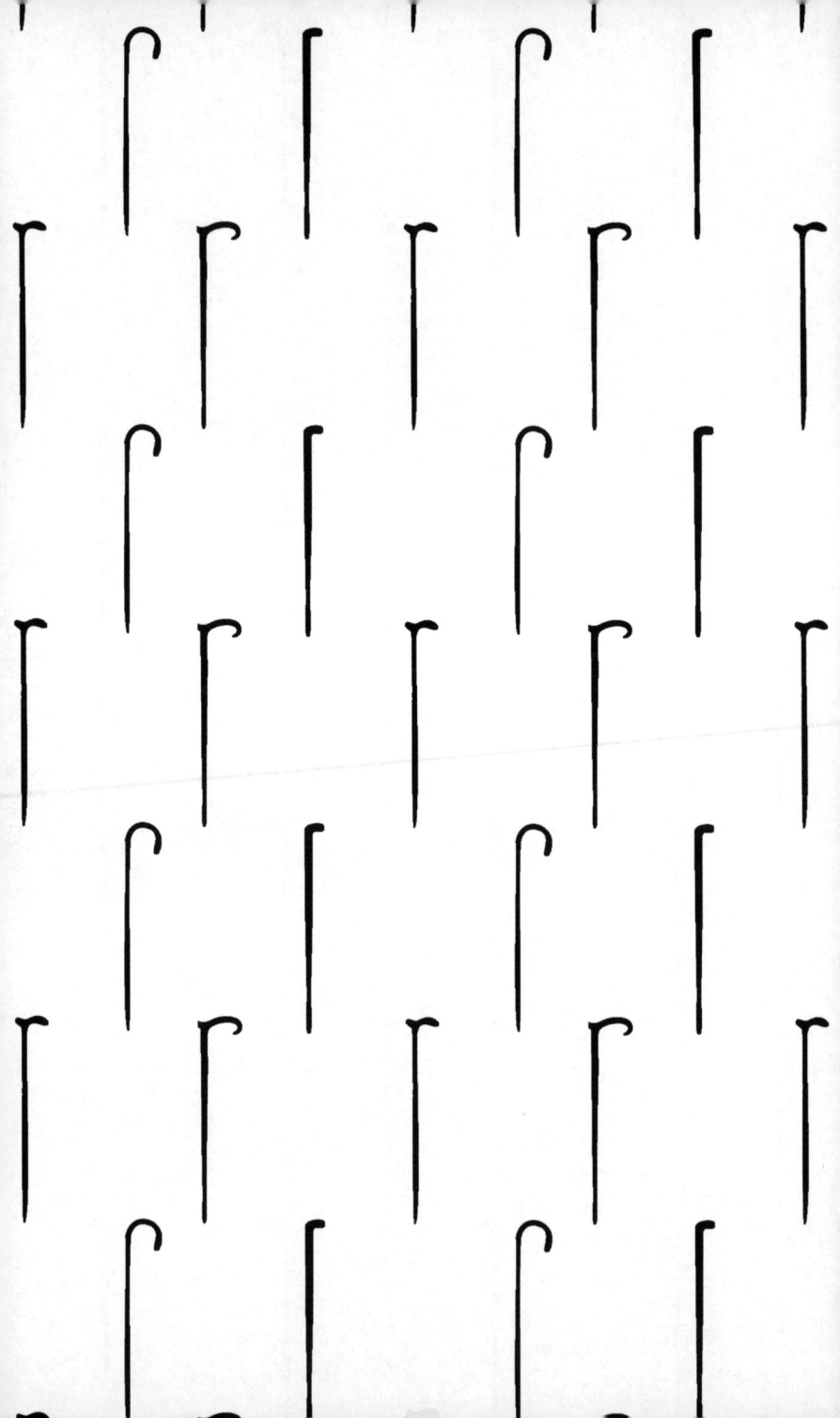